講談社文庫

改訂完全版

佐伯チズ式「完全美肌バイブル」

123の肌悩みにズバリ回答！

佐伯チズ

講談社

はじめに

２００３年、私は長年勤めた化粧品メーカーを退職し、
美肌師としての人生をスタートさせました。
「美容家」「美肌師」という肩書きなら、誰が見ても
「肌をキレイにしてくれる人なのね」と理解してもらえると考えたからです。
複雑化する一方の美容の世界を、私なりの視点で、
わかりやすく「翻訳」してみなさんにお伝えすることが、
これからの私の使命だと感じたのです。
それからさまざまな書籍、たくさんの雑誌、テレビなどで、
佐伯チズ式の美容論をお伝えしてきました。
そして２０１１年には、「完全版 佐伯チズ式美肌バイブル」として
当時のありとあらゆる化粧品をお試しして、みなさんが選びやすいよう
チャートをつくってご紹介し、これさえあれば化粧品選びに迷わない、

佐伯式スキンケアも一目でわかる一冊を出版しました。
そこから5年が経ち、化粧品はさらに進化を遂げ、
世の中もずいぶん変化して、私自身もさらに知識を蓄積してきました。
改めて、いまの女性たちに、美容というものをお伝えしようと
新たに化粧品をお試しし、みなさんの肌の悩みにも新たにお答えし、
これこそが完全版、とも言える一冊をつくることができました。
肌に悩みが出てしまったとき、化粧品選びに迷ったとき、
お手入れの仕方がわからなくなってしまったとき……
どんなときでも、どこかのページにキレイのコツが見つかると思います。
みなさんのキレイのために、一つでも二つでもお役に立つことができれば
美容家、美肌顔師として大変嬉しく思います。

2016年春　佐伯チズ

目次

第1章

いま改めて、美について思うこと

全国各地を巡って女性の肌に直接触れながら、
また、さまざまなメディアに出演させていただくなかで、
これまで「佐伯式スキンケア」をお伝えしてきました。
真摯にお手入れを続けて、肌トラブルを乗り越えた方もいれば
相変わらず悩み続けている女性もいます。
その違いはいったい何なのか。
いま改めて、美について思うこと——。

「つもり」の美容ではキレイになれません。

2003年に長年勤めた化粧品メーカーを退職して以来、美肌師として「世界中の人たちをキレイにしたい」と思って、佐伯式スキンケアをお伝えしてきました。それから13年が経ち、世の中もずいぶん変わってきました。化粧品もずいぶん進化し、その分、私もずいぶん進化しました。ただ、女性たちのスキンケアへの意識はあまり変わっていないように思うのです。美意識の高い女性はたくさんいらっしゃいます。コスメから最新美容まで、情報収集にすごく熱心。ところがこれが落とし穴にもなってしまっているのです。雑誌を読んで、インターネットで調べて、化粧品を買って……。それだけで「わかったつもり」「やったつもり」になってしまっている。だから結果が出ない。カウンセリングや講演会をすると、必ず「私の肌は何を使ったらキレイになれますか」と聞かれるんですが、それじゃダメなんです。化粧品をつけたらキレイにしてくれる、化粧品が私を変えてくれるって思い込んでいる女性があまりにも多すぎます。この意識を変えていこう、と13年頑張ってきたけれど、残念ながら、あまり変わっていないのが現実です。

化粧品は「夢」。使い方ひとつで素晴らしい効果を出してくれる夢があるものです。なのに、その夢を実現していない人が多すぎます。ただ使ってるだけ、塗ってるだけ。それはあまりにも化粧品に対して失礼なこと。もったいない！　キレイになるためにはどうしたらいいか。自分はどうなりたいのか。考えてみてほしいのです。

そこで皆さんに質問です。キレイになる方法は何だと思いますか？

これまで私はたくさんの方々の肌を見てきました。たくさんの方の質問にお答えしてきました。これからは皆さんに私が問いかけていきます。キレイになるための条件は何だと思いますか。何があなたに必要かわかっていますか、と。

私が大事にしている条件は5つ。「食べること」、そして「左右対称に噛むこと」。さらに「意識すること」、「両手を使うこと」、そして「続けること」です。

バランスよく腹八分目に食事すること。その際には、ちゃんと左右の歯でしっかり噛んでください。こうすることでたるみの予防にもなります。バランスよく食べることで、これから生まれる肌が整います。また、化粧品を使うときには必ず〝この美容液を使って、こういう肌になりたい〟と意識しながら、必ず両手で引き上げるように塗ること。両手を使うことで均等に肌に圧がかかり、肌の表面を整えてくれます。片手＝片手間のケアではキレイになれません。

みなさんの話を聞いていると、勘違いをされている方も多い。美容とは、目に見える部分のことだけではありません。キレイになりたいなら、美容＝健康＝予防と考えてほしいのです。美容論は、人生論であり、精神論であり、予防論でもあるのです。「あなたの顔は、心の証明であり、健康のカルテであり、生きてきた人生の看板」。そして化粧品は「肌の食事」。だから少し立ち止まって考えてほしい。自分と向き合って、肌の声を手で感じて、意識しながら丁寧にお手入れをしてほしいのです。ですが、なによりも肝心なのは続けること。途中でやめてしまう方のなんて多いこと！　それが残念でなりません。

いま使っている化粧品のままでいいんです。プラスするなら「ただの美容液」を

講演会に行くと「チズさん、変わらずにキレイですね」「なんでそんなに肌がキレイでいられるんですか？」なんて言われることが多いのですが、当たり前です。だって続けているから。講演会でアンケートを取ると、100人いらしていても、ちゃんと朝晩ローションパックを続けている方は1人か2人しかいない。夜だけ実践している人が20人くらい。そして、私がローションパックを実践してみせると、「やり方が違ってた！」とかビックリされることが多いんです。……私の肌を褒めてる場合じゃないのよ！　皆さん自身がキレイにならないと。化粧品にお金はかけなくていいんです。いま持っている化粧品でいいから、とにかく3ヵ月続けてみてほしい。必ず肌は応えてくれますから。

なにか変えたい、と言う方には、とっておきの美容法を。それは「ただの美容液」。好きな人、気になる人を思い浮かべながら化粧品を使うだけで、脳か

らセロトニン、ドーパミンが出て、キレイになっていくんです。実はこれも使い方のテクニックのひとつ。こんな脳の働きも利用しちゃいましょうよ。好きな人は日替わりでもいいの。ちなみに私は〝羽生弓弦クンが孫〟なの。羽生クンを思い浮かべながらスキンケアしているんです。これだけでコスメの効果が上がりますよ。実感してますから、私自身。

以前に、宇野千代さんの文章を読んで感銘を受けたことがあります。「信念は肌をも変えうる」と書いておられたのですが、本当にその通り！って。私もソバカスを取りたかったから必死でケアをしてソバカスをなくしたし、二重になりたかったしウエストもくびれさせたかったから、毎日同じことをやり続けて、目的を達したの。ウエストはいまもキープしています。信じて念ずれば、肌も体も変わるってことを、自分で実感しているから、皆さんにも信じて続けてほしいのです。

123のさまざまな肌悩みにお答えします
最新の化粧品もお試し。コスメ選びのヒントにしてみて

以前に出版した「佐伯チズ式美肌バイブル」では、当時の化粧品を全部お試ししして、皆さんが自分の好みで選びやすいようにチャート式で提案しました。皆さんからの質問にもお答えし、ケア方法もご紹介しました。それから年月がたって、美容をとりまく環境が変化して、皆さんの感じ方も変わってきました。ただ、冒頭にも書きましたが、残念ながら皆さんの意識は変わっていない。この13年、たくさんの方と接していて、これまで言い続けてもやってくれなかった人、続かなかった人たちには、これでもかこれでもかって、伝わるまで教え続けていくことが大切だと改めて思いました。

そこで今回、皆さんからの質問にプラスしてお答えし、最新の化粧品も改めてチェックさせていただきました。皆さんがキレイになるため、化粧品選びのヒントになるはずです。もちろんローションパックありき、というチズ式スキ

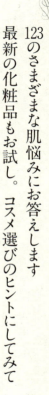

ンケアの基本は変わっていません。私がいつまでも繰り返しローションパック、ローションパック、と言い続けているのは、それをせずに使って、化粧品の効果がなかったって思われることが嫌だから。しっかりと意識して自分と向き合えば、キレイは今から予防することも持続することも育てることもできる。年齢は関係ありません。肌は変わってくれるんです。どのようにすればキレイになれるか、もう一度理解を深めていただければと思います。

私はこれからも言い続けます。〝キレイの押し売り〟をしていきます。私にとっての消費者トレーニングはまだ道半ば。伝えたいことも増えていくばかり。皆さんをキレイにしたいという信念は変わっていません。一人でも多くの人をキレイにしたいですから。

第2章

肌の疑問を解決します！
「肌悩み別」123のQ＆A

「ストレスでシミが増えるって本当？」
「肌質によって保湿ケアは違うの？」
「クマとくすみの違いは？」
などなど、あらゆる年代のかたから寄せられた
あらゆる肌の悩みに、スパッと回答。
読み進めるうちに、肌だけではなく
心までも元気になれる、美の読本。

Chapter 1

乾燥

「年をとればとるほど

水分ケアが大事。

脂分の前に、まず水分を」

dry

Q 01

なぜ肌は乾くんですか

それはお手入れが間違っているから。

水分は蒸発するもの。人間の躰は水が70％、この70％を保つためにきちんと生活するの。食べ物にだって〝みずみずしい〟って言うでしょ？　買うときには、みずみずしいものを選ぶじゃない？　肌も同じ。若いときは水分だけのケアでもいいけど、年をとってくると、脂がなくなってきて、脂に含まれる水分もなくなってくるから、さらに水分を与えていかないと。リッチなコスメを選べばいい、というわけではありません。そのリッチさの効果を出すために必要なのは、水。肌に水が十分足りていると、呼び水となってくれるから、脂分をたくさん与えても入ってくれるんです。ここがみんな足りてない！

Q 02

正しく潤っているかの判断はどうやってする？

頬に手をつけたら吸い付いてくるかどうかで判断してください。朝起きて、顔を洗う前にチェックするのが鉄則です。スキンケアをつけた直後にやってもダメ。起き抜けに水を飲んで、鏡の前でチェックしてみて。鏡を見る、手で触れる、ココロの中で柔らかいとかあったかいとか感じること。それが手から伝わってくる。この中で1つでもいいから、毎日やること、です。

Q 03

顔のなかで乾燥しやすい順番はある？

目の周り、口の周り。それは、一番運動量が多いから。ここが乾燥してるということは、他の潤いを集めても足りないってことだから、他も全部乾燥してるってこと。

Q 04

スキンケアの量は多めにつけたほうがいい？

多ければ効果が上がるものではありません。ただし……

メーカーさんがいう基本量は必ず使ってください。ただし！　年齢と、トラブルがある人、たとえばすごく太陽に当たった場合などは、自分で判断してほしい。3～5分おいてみて、ものたりないな、と思ったら、同じものをもう一度重ねづけしてみる。「自分で考えること」これが一番大事。量を多く使ったから効果が上がる、というものではありません。寝る直前にも確認して判断すること。使う量よりも使い方。自分の肌ときっちり向き合っているかどうか。買うときばっかり考えて、使うときには考えてない人が多い。使うときも考えて！

Q 05

高い化粧水をケチケチ使うより、安い化粧水をたっぷり使うほうが効果的？

変わりません！

一緒ですよ。肌が吸収できる量は、ある程度決まっているから。〝高いからケチる〟その考えがもうキレイになれない。100円化粧水でもいい、量と時間だけは守りなさいと、ずっと言い続けていますが、適量をちゃんと使い続けられるものを選びなさい。続けられることをやりなさい。安いコスメをいっぱい使っても、あんまり変わらなかった、って言うのであれば、もう少し高いものに変えるのが正解。

Q 06

化粧水より乳液やクリームを高いものにした方がいいってホント？

アイテムによってブランドを変えてもいいですか、というのと同じ種類の質問ね。アイテムはそれぞれ目的が違うの。化粧水は肌を整える役目、乳液やクリームは肌を育てて守る役目。それぞれ自分の肌の目的に合わせたものを選ぶの。役目がそれぞれ違うんだから、こういう質問自体がダメ！

Q 07

角質ケアは、保湿に必要なの?

必要ですよ。角質(アカ)を取らずにほっといたら、なにをつけても入っていきませんよ。

Q 08

肌質によって保湿ケアは違うの？

人によって違うのは当たり前！

ローションパックはみんなにやってほしいんですが、その商品の選び方、使い方を変えてほしいわね。肌の湿度を保つためにローションパックがあるんだけど、そこで使う化粧水は好きなものを選んでもらっていいの。けれど、毎日、量や使い方が変わって当たり前なんです。ちゃんと鏡の前で肌と対話してね。

Q 09

一年中同じ保湿でも大丈夫ですか?

ダメです!

春は寝ていたものが起きてくる時期。そのとき、体温も冬体温から春体温に変わります。だから、水分、脂分の出方が変わってきて、毛穴や脂分系の肌悩みが出てくる季節。このように季節によって肌も変わるのだから、ケアも変わって当然です。春は肌をなめらかにするケア、夏は保湿ケアをしっかりね。秋はパックでふっくらさせておいて、冬はスクラブを使って角質ケアを。これらを基本に、毎日肌をチェックして、自分に必要なものを見極めるのが大事!

Q 10

乾燥肌でもニキビはできる？

もちろん。年齢によっても部分によっても出方は変わるし、呼び方も変わるけど（笑）。

Q11

毛穴が開いていると乾燥しやすい？

逆です！

脂分を顔から取り過ぎてるから、毛穴が開いてしまっているんです。つまり、脂分の中に含まれている水分も取ってしまっている、と考えて。毛穴が開いているから乾燥するのではなく、逆ね。肌はコンビネーションになっているのが当たり前だから、全部の脂分を取るのではなく、肌全体のバランスを整えるように、脂分が多いところは少なめに、乾燥しているところは多めにクリームを、くらいのケアの差でいいから、知恵を使ってケアして！

Q 12

今のスキンケアが合ってるかどうかはどう見極めればいい？

自分が求めてた効果がどうなっているか。毛穴のカタチは変わった？くすみはとれた？　血色がよくなった？　化粧ののりはどうなった？メイク持ちがよくなった、とか、くすまなくなった、とか、よく見ていればわかるはず。変わらないならスキンケアが合ってないということ。３日使うと肌は応えてくれるはずですよ。違いをちゃんと自分で見ること！

Q 13

朝は洗顔しないほうが保湿のためにいいってホント?

洗顔剤は使うな、ってこと。ぬるま湯で20回くらいすすぐだけで朝は十分。それも年がら年中、ぬるま湯で。洗顔料を使わないってことは、肌の常在菌を残してくれるってこと。これが大事なの。

Q 14

日中テカらないための朝ケアを教えて

ローションパックして水分を補ってあげれば、肌はちょうどいい脂分になるはずです。水分が圧倒的に足りないからテカって見えるの。水分がちゃんとあればテカらないはず！

Q 15

朝と夜でアイテムは変えるべき?

どっちでもお好きに。朝なにが足りてないかチェックして、気になるなら変えてもいい。朝の化粧は予防論。プロテクトがしっかりできるのであれば、それでいいんです。水分をしっかり与えれば焼けない、崩れない。だからこそ、ローションパックを。夜のケアは、修復論。ごちそうケアを。

Q 16

夕方になるとシワやほうれい線が気になる

肌に水分がなくなってきて、弾力性がなくなってきてるんです。表面ジワかたるみかで原因は違うけれど、ほうれい線は肌の中が疲れてへタってるってこと。そんなときはスキンケアじゃなくて、食べなさい。水をしっかり飲みなさい。カラダの中と肌は一体ですから。

Q 17

洗顔後、肌がつっぱる

当然です。

Q 18

洗顔後、何分以内に化粧水をつけるべき？

すぐ、ただちに！　ぱぱぱぱっとローションを手でつけて、用事が終わってからローションパック、でもいいから。本当はローションパックしながら用事してほしいけど。

Q 19

化粧水をつけてもつけても、なんか肌が潤わない

水だけに頼ってどうするの？　使い方、付け方、どんな商品か、ということにもよるけど、水分だけでＯＫなんて思わないで。

Q 20

夜にスキンケアをしても、短時間で肌がつっぱる

スキンケアになってないからよ。なじませてる？　ただつけてるだけだから、そんなことになるの。使ってる＝ケアしてることにならない。ていねいに！

Q 21

夜のスキンケアから寝るまでに時間があいたら、なにかプラスしてケアすべき？

足りてないな、と思うのであれば、スキンケアの最後に使ったものと同じものをもう一度足りないところにつけたして。そうじゃないなら、プラスしなくてもいい。

Chapter 2

シミ

「10年間で作ったシミは、

10年かけて取りなさい。

諦めたときからシミは濃くなります」

SPECKLE

Q 22

ストレスでシミが増えるって本当？

ひとくちにシミといっても、そのタイプや原因はさまざま。たとえば、額や頬にできるシミは、精神的ストレスによることが多いし、ホルモンバランスの乱れによるシミは、眉の上や目のまわりに。また、内臓疾患や自律神経の乱れによっても、シミが出てくることがあります。〃シミ抜き〃に躍起になるその前に、今あるシミが日焼けによるものなのか、体の中に原因があるものなのか、〃出どころ〃を見極めるのが大事。ストレス性のシミなら、やっぱりストレスのモトを断つことが先決ですから。

Q 23

頬にできた1円玉大のシミ。消す方法は？

本気でシミを消したいなら、夏だけでなく、年がら年じゅう美白化粧品を使うこと。ニキビも、クマも……とフラフラしないで、シミのケアに集中する。これが一番の近道ですよ。ローションパック（P168）はもちろんのこと、美白2段パック・3段パック（P174）、角質ケアと、地道なお手入れを続けていけば、必ず〝ご褒美〟がもらえるから。いつもらえるかって？ 私たちの肌は、春に〝脱皮〟します。コツコツと一年間、お手入れをしていれば、そのタイミングで、シミも含めて顔色がブライトアップするんです。その瞬間を楽しみに、頑張ってみて！

Q 24

薄いほくろのようなシミがどんどん出てくる

負の肌貯金が今おろされています。

「20代の頃、毎年ハワイに行っていた」など、過去の〝蓄積〟が、時間差でシミとなって出てくることがあります。でも、どんどん出てくるシミを、ひとつずつケアしていくのは至難のワザ。だったら丸ごと、保湿ケアを。これは私の持論ですが、〝保湿は美白を兼ねる〟んです。水分をたっぷり含んだ肌は、白く透き通って見え、シミも目立たない。美白ケアは美白の効果しか得られないけど、保湿ケアは〝潤い〟と〝美白〟を同時に叶えてくれる。だから、とにかく肌に水分を！

Q 25

点のシミではなく、じわっと広がるシミができました

潜在していたシミがボコッ、ボコッと浮き出てきて、今あるシミと表面でくっついたのね。だったら、今度はそれを肌の外に〝送り出して〟あげればいい。点でポン、ポンと抜けていきます。そのためには、まず温・冷ケアやウォーターマッサージ（P174）で肌の深部を活性化させつつ、表面のメラニンをキャッチするための美白2段・3段パック（P174）を。あわせて、週イチの角質ケアでパーフェクト！

Q 26

シミが濃くなったり、薄くなったりする

睡眠不足や精神的ストレスなどで、シミが濃くなることもあれば、肌がプルプルでシミが目立たない日も。それを見て一喜一憂するのではなく、「今日はシミが濃いみたい。何でだろう?」と、〝振り返り〟をすることが大事。顔に出てくるものは、すべて体の中からのサイン。次にすべきケアの、大きなヒントをくれますよ。

Q 27

ニキビ跡がシミのように残っちゃったんです

大人ニキビはそもそも跡が残りやすいもの。ウォーターマッサージや温・冷ケア（P174）で肌を奥から活性化させつつ、持ち上がってきた古い角質を、スクラブ洗顔（P167）でオフ。あわせて美白2段・3段パック（P174）でシミ抜きを。ニキビやヤケド跡の色素沈着に有効なケアは、肌の入れ替え。日々、新しい肌に〝更新〟しながら、色素を薄く！

Q 28

美白コスメが効かないけど。本当にシミにもくすみにもいいの？

「美白美容液をつけているのに、いっこうに肌が白くならない」と嘆く人がいるけど、どうもみなさん、美白の意味を勘違いしているみたい。美白化粧品は、肌を白くするものではなく、〝メラニン色素の生成を抑えて、日焼けによるシミ、ソバカスを防ぐ〟もの。シミかくすみかでいえば、大半がシミ対策のものだと考えて。くすみは体内に原因があることが多いもの。喫煙、睡眠不足、塩分の摂取過多……。これらはすべてくすみのモト。そのとき必要なのは、美白化粧品ではなく体内ケアです。

Q 29

妊娠してから、シミが多くなった

ホルモンバランスが大きく変わる妊娠、出産、更年期などのタイミングで、肌質がガラリと変わることは多いもの。急に出てきたシミも〝妊娠したから〟ではなく、ホルモンバランスの乱れによって、潜在していたシミが浮上してきただけ。ただでさえ、妊娠中は赤ちゃんに栄養をとられるので、肌がスカスカになりがち。ここでガクッと肌を老けさせないよう、いつも以上にきちんとした食事をとって。

Q 30

レーザーでシミを取るのは、アリですか？

ナシです。

生活に支障をきたすほどのシミならまだしも、長年かけてできたシミを、〝消しゴムで消すように〟なかったことにするなんていうのは、そもそも無理があるもの。しかも、なぜシミができたのかも振り返らずに、お金で解決することを覚えてしまったら、永遠にシミ地獄から逃れることはできませんよ。シミは毎日のスキンケアと、〝執念〟で薄くすることができます。現に私は、3年間、朝晩のローションパック（P168）と美白2段・3段パック（P174）を続けて、500円玉大のシミを、50円玉の穴のサイズにまで縮小させた人を見ていますから。ウソだと思うのなら、あなたもやってみなさい。

Q 31

今はでていないけど、シミ予備軍がいっぱいあって……怖がっていても、シミは消えませんよ!

デパートの化粧品カウンターにあるようなウッドランプで、まだ見ぬシミを発見すると、みなさんゾッとするでしょう? でも、誰だってシミ予備軍はあるもの。それを、「いつ出てくるか」なんて心配していたって、仕方がない。それよりも今のうちに肌体力をつけて、潜んでいるシミを出さないようにするほうがよっぽど健全。「このシミは、ないことにする」と思って〝肌暗示〟をかけて!

Q 32

シミができないようにするには、何が一番効果的？

「生魚肌」を作ること！

突然だけど、「干物」と「生魚」を想像してみて。干物はあっという間に焼けるけど、生魚はなかなか焼けないでしょう。これを肌に置き換えると、乾いた肌はすぐ日に焼け、うるおいのある肌は、焼けにくいということ。焼けにくい肌は、当然シミもできにくい。もちろん紫外線から肌をプロテクトするのは、シミ対策の基本だけど、肌自体を〝焼けない仕様〟にすることこそ、最強かつ究極のケア！

Chapter 3

シワ

「シワは生き方の表れ。
ハッピーに過ごしてきた人のシワは
欠点じゃありません」

WRINKLE

Q 33

いいシワと悪いシワがあるって本当？

とくに法令線を気にしている人が多いようですが、法令線にも2種類あるの。微笑みによって刻まれる口元のシワは、〝豊麗線〟といつも私は言っています。常にしかめっ面をしている人は、どちらかというと縦のシワが多く、笑いジワなどの横ジワは、人を幸せにするもの。だから、シワを毛嫌いするのはやめて。年齢を重ねてもシワが一本もないほうが、私にしてみれば怖い。ふだんの表情がシワを作りますから、ぜひ〝いいシワ〟を！

Q 34

ダブル洗顔はシワのモトって本当？

ただでさえ、うるおい不足になりがちな大人肌から、水分も脂分も奪ってしまったら、カサつくのは当たり前です。肌を守る常在菌まで洗い流すダブル洗顔は、乾燥ジワやニキビのモト！

Q 35

目の下に斜めに走る3センチのシワ。思い切り笑えません

シワを気にして〝笑い控える〟なんて、ナンセンス。

とくに接客業をしている人に多いのだけど、「営業スマイルで、シワが……」って、もうその心がゆがんでいるのよ。お客さまに対して感謝の気持ちがあれば、自然に笑みがこぼれるはず。感謝・笑顔・お辞儀は3点セット。それを、無理して笑顔を作ろうとするから、皮膚が変なふうにヨレるわけです。自然な笑顔から生まれるシワは、むしろ人に安心感を与えるもの。少なくとも私は、ニコッと笑いかけてくれる女性には、たとえシワがあっても悪い印象をもちませんよ。

Q 36

目元の涙袋にシワができています

米粒大のアイクリームを手に取って温めたら、下まぶたにポンポンポンと散らし、左右の4本の指を使って、ピアノの鍵盤を軽く叩くように、マッサージしてみて（P171）。表皮をうるおわせながら、肌の中を揺り動かして活性化させてくれます。とくに、コンタクトレンズを使う人や涙が出やすい人、〝アイメイク命〟の人は、涙袋の部分がシワになりやすいもの。目のまわりは、顔の中でも皮膚が薄い部分なので、こすらないようにケアするのがコツ！

Q 37

目尻のシワをのばすアイクリームの塗り方は？

目尻のシワは、外側に向かって放射状に伸びるもの。だから、内へ内へと戻してあげる。シワを指先で開きながら、アイクリームを塗り込んだら、片手でこめかみを固定しながら、逆の手で、外から内側へとシワを〝しまう〟。皮膚を必要以上に動かさないよう、やさしく手を動かすのがポイントです。アイクリームの量は、米粒サイズが目安。

Q 38

これ以上、目元のちりめんジワを増やしたくない！　どうしたらいいの？

ちりめんジワは、肌がしぼんで表面が波打ったもの。「まばたき一日2万回」といわれるように、一日に何度も開閉する目元は、とくにシワが寄りやすいゾーンなのです。きちんとアイクレンジング（P16 6）をすると同時に、シワを開いてはアイクリームを指先でポンポンと入れ込んでいって。水分・脂分が満たされれば、肌にハリがよみがえってきます。

Q 39

花粉症の時期に、全体的にカサついてシワっぽくなる

花粉症の方は、かゆみやひりつきから、顔をかいたりこすったりしがち。でも、肌は刺激するとかえってかゆくなり、やがて自分を守ろうとして硬くなるの。顔がかゆくなったら、手で触らずに必ず濡れたもので押さえて。クレンジングの前に、顔全体をぬるま湯で軽くすすいで花粉を落とすのも、お手入れのコツ。そして何よりも、栄養や睡眠をたっぷりとること。体の抵抗力をつけることこそが、花粉症の特効薬です。

Q 40

法令線が片方にだけあるんですが

左右でバランスよく物を噛んでいますか？　おそらく、その偏りは〝咀嚼のクセ〟のせい。歯が悪いなどの理由で、片方の歯ばかりで物を噛んでいると、使わないほうの筋肉がたるんで、シワが刻まれやすくなる。同様に、しょっちゅう同じ脚を組んでいたり、同じ手でバッグを持っていると、体がゆがんできます。そうすると、顔のシワの出方も違ってくる。法令線だけでなく、目尻や口角なども左右を比べて、下がっているほうを意識的に使って。すべてはバランス。「右が下がっているなぁ」と思ったら、右を10回、左を5回。というように、物を噛む回数を意識してみて。

Q 41

口角を上げるように意識したら、今度は法令線が目立つように……

あなたが次に言うセリフは、たぶんこれ。「法令線を目立たせないように、笑わなくなったら、今度は頬がたるみました」じゃあ、いったいどんな顔になりたいの？ということですよ。迷いながらお手入れをするから、どっちつかずの顔になってしまうの。「私は、笑いジワはあってもいいけど、まぶたのたるみはどうにかしたい」「とにかく、法令線を消すことに集中したい」など、〝なりたい顔〟を決めれば、お手入れはぐっと楽になります。まずは、目的をひとつに絞ること。

Q 42

地下鉄の窓に映る法令線。つい寝たふりでごまかす……

寝たふりをしても、何の解決にもならないわね。法令線ケアの基本は「タテヨコ運動」。シワは〝クセ〟だから、横ジワは縦に、縦ジワは横につまんで、クセをほぐせばいい。法令線なら、横につまんでほぐしたあと、シワを開いて伸ばす。これを、ひたすら続けてみて。驚くほど原始的な方法だけど、「2週間で法令線が消えた」という人がいます。本当ですよ。

Q 43

鼻の付け根のシワで老けて見える

しょっちゅう目を細めていない?

目が悪い人というのは、つい目を細めて物を見てしまうもの。それがクセになると、眉間や鼻の付け根にシワが寄ることに。とくにケータイでメールを打つときや、車の運転をしているときは要注意! 目を使う機会が多い人は、ときどき遠くを見て目を休ませたり、ホットタオルで目のまわりの筋肉をリラックスさせて。

Q 44

眉間に1本、シワというよりも溝があり、性格が悪そうに見える

溝のような深いシワなら、〝筋肉レベル〟から立て直さないと。悲しいとき、困っているとき、考え事をしているとき、痛みを感じたとき……。気づくと、ちぢこまっているのが眉間。まさに表情によるシワなので、化粧品によるケアだけでは不十分。凝り固まった筋肉をときどき手でもんで、よくほぐしてあげて！

Q 45

くっきりとしたおでこの横ジワが、どうやっても消えません

おでこのケアは、頭皮ケアから！

頭皮がたるめば、連鎖的におでこは下がってきます。シャンプーをするときは、頭皮を下から上へとマッサージしながら。美容液や乳液も、顔を引き上げるつもり、シワをのばすつもりで塗り、最後に両手のひらで顔全体をプレスすれば、〝スチームアイロン効果〟で、肌がピンとします。ちょっとした意識で、シワの出方はまったく違ってきますよ。

Chapter 4

たるみ

「たるませたくなかったら、
背筋をスッと伸ばしなさい。
心を上に向かせなさい」

SAG

Q 46

そもそも、どうして顔はたるむの？

それは加齢や表情筋の〝運動不足〟などで、真皮や筋肉がゆるみ、表皮を支えきれなくなるから。下を向く機会の多い人や、笑わない、喋らない、よく噛まないといった生活をしている人は要注意。使わないと、筋肉はどんどん下がってきますよ。さらに、むくみや角質ケア不足などで肌が重たくなっていると、たるみが進行しやすいので、深部ケアとあわせて肌を〝身軽〟にするお手入れを！

Q 47

今は気にならないけど、たるみを遅らせる方法を教えて！

化粧品よりも、〝肌の基礎体力〟をつけるのが先決。たとえば、大きく口を開けて「あ・え・い・お・う」と発声する「あえいおう運動」。ノズルつき容器で、顔の筋肉に沿って水圧を与えるウォーターマッサージ（P174）。肌の奥を目覚めさせるこれらのケアは、たるみを遅らせるのに最適。こうした先手の〝前倒しケア〟こそ佐伯式の真髄！

Q 48

クレンジングしながらマッサージ。これってアリ？

クレンジングは表皮の汚れを取るケア。マッサージは筋肉に働きかけるもの。目的がまったく違うから、同時には行わないほうがベター。もっとも、下から上、内側から外側へと手を動かすという意味では、リフトアップを兼ねているけど、クレンジングのときは、手に力を入れず、汚れを浮かせることだけに集中して！

Q 49

たるみに効くマッサージ法ってあるの?

マッサージというと、螺旋《らせん》を描いたり、勢いよく顔を引き上げる動きを想像しがちだけど、激しく顔の皮膚を動かすマッサージは、かえって顔をたるませることに。だったら、こんなケアを。両手のひらで左右の頬を包み、軽く圧力をかける「プレス」→手をスライドさせながら、ゆっくりと外側へ顔を引っ張る「ストレッチ」→そのまま顔全体を引き上げる「リフティング」。3つのマッサージを同時にするこれを、私は「福袋マッサージ」と呼んでいます。どこでも簡単にでき、たるみを効果的に予防してくれるので、ぜひ習慣に。このとき、親指を耳の付け根のくぼみに当てれば、リンパが刺激されて小顔効果も。

Q 50

たるまない化粧品のつけ方ってある?

究極のたるみケアは「幸せのV字塗り」。

あごから耳の下、小鼻の脇から耳の前、目頭からこめかみへと、〝V字〟を描きながら美容液やクリームをのばす。このとき、「上がれ!上がれ!」と唱えれば、リフトアップ効果は倍増! また、顔を洗うときは地球儀をイメージして、内から外へと〝丸く〟手を動かします。上下にゴシゴシと手を動かす〝男洗い〟は、顔を下げる結果になるだけ。絶対にやめて!

Q 51

痩せてはリバウンド……で、頬がたるんでしまった

数え切れないほどのダイエットをしてきた、私が出した結論。それは、食べないダイエットでは、絶対きれいになれないということ。私は一日2食、1食9品目をとる和田式食事法を10年以上続けていますが、13キロ痩せてリバウンドゼロ。なぜなら、ストレスなく続けられるから。そして適度な運動と入浴。こういう当たり前のことで、いくらでも体型は維持できる。無理なダイエットは、かえって顔を老けさせることに。さらに、お肌のためには、きちんと食べることが大切なんです。苦しいだけのダイエットなら、今すぐやめて！

Q 52

二重あごが気になる。何とかスッキリさせたい

ちゃんと物を噛んでいる？

パンやうどんなど、軟らかいものばかり食べていると、どんどん筋肉はたるんできますよ！

Q 53

口角が下がってきたのか、口がへの字でみっともない

口角が下がっているなら、おそらく目尻も下がっているはず。

目と口のまわりは、ドーナツ状に筋肉が走っています。それらを支えるような働きをするのが、〝大頬骨筋〟という頬の大きな筋肉。つまり、口のまわりの筋肉を鍛えても、それを引っ張っている筋肉がたるんでいたら、意味がない。下がった口角だけにとらわれず、「あえいおう運動」やウォーターマッサージ（P174）で、顔全体の筋肉を強化して。もちろん、口角は常に上げるように意識を。

Q 54

眉毛を抜くと、皮膚がたるむって本当？

皮膚がたるむだけでなく、眉毛が生えてこなくなり、やがてアイブロウなしでは外出できなくなってしまう。それが〝眉毛抜き〟の結末。だから私は「眉毛はハサミでカットしてね」としつこく言うんです。毛を抜くということは、皮膚を引っ張るわけだから、それをしょっちゅうやっていれば、たるんで当たり前。さらに抜いたところから雑菌が入って、炎症を起こす心配も。これまで抜いてきた人は、今からでも遅くないからカット派に転向して！

Q 55

まぶたがたるんで、明らかに目が小さくなった

目にかぶさっているものは、脂肪。でも脂肪は動くんです。毎日、自分の指で、まぶたの脂肪を目頭から目尻に向かって、〝払って〟ごらんなさい。私からすれば、「なぜ下がっていくものを、黙って見てるの?」ということよ。今以上、目を小さくしたくなかったら、執念で脂肪を散らしなさい。エイッ、エイッてね。

Q 56

目の下がたるんで、ポケット状になってきた

目を支える筋肉のゆるみや老廃物の蓄積などで、年齢を重ねると目の下がダランとしてくることが。そんなときは、すかさずプッシング。人差し指、中指、薬指を揃えて、目の下をゆっくりと押しながら、目頭と目尻の間を2～3回往復させて。血液やリンパの循環がよくなることで、ダブつきがおさまってくるはず。肌は、こすったり叩いたりされるのが大嫌い。でも、圧をかけてあげると喜ぶんです。だから私のマッサージの基本は、〝押さえてあげること〟。これならシワも寄りません。

Q 57

毛穴がダラーンと開いていくのは、たるみのせい？

頬を手で引き上げたときに、縦に伸びた毛穴が目立たなくなるような〝たるみ毛穴〟。若いころの毛穴とはタイプが違うので、〝なくす〟ことよりも水分を与えて、肌を内側からふっくらさせるようなケアを。あわせてウォーターマッサージ（P174）などで、筋肉、真皮を強化すれば完璧！　真皮はベッドでいえばスプリングにあたる部分。使っていれば、年々へたっていくものです。だから、30歳をすぎたら真皮ケアは、必須なのです。

Q 58

小顔にするには、どんなお手入れがいい？

リンパマッサージで、体内のいらないものを押し流す〝毒素出し〟によってむくみが引けば、顔がスッキリして、たるみもおさまりますよ。顔のまわりでいえば、耳たぶの後ろや、首の脇、鎖骨の上、腋の下などが、リンパのポイント（Ｐ173）。その部分を指の腹で軽くプッシュしてみて。解毒がスムーズにできれば、くすみや吹き出物も出にくくなります。テレビを見ながらや、お風呂に浸かりながらの〝ながらケア〟でもＯＫ！

Q 59

顔に締まりがありません

心が締まっていないからでは?

だらしなく脚を組んだり、背中を丸めて歩いたり……。ゆるんだ姿勢は、ダイレクトに顔に表れますよ。それは、言ってみれば〝心のたるみ〟。前向きで瞳がキラキラしている人は、顔も姿もキリッと締まっているもの。疲れているときこそ、口角をキュッと上げて、背筋を伸ばして颯爽と歩く。そうすれば、顔つきだって変わってくるはず。

Chapter 5

ニキビ

「肌を責めても苦しくなるだけ。
顔に出てくるものは、
すべてあなたがしてきたこと」

PIMPLE

Q 60

ニキビと吹き出物って、どう違うの?

ニキビや吹き出物のおもな原因は、毛穴の詰まり。ふさがれた毛穴の中にアブラが溜まると、ニキビや吹き出物になります。ホルモンバランスが不安定な思春期は、多すぎるアブラが原因。大人の場合は、角質ケア不足や不規則な生活、顔の洗いすぎなどでニキビや吹き出物が発生します。でもニキビと呼べるのは、せいぜい20代前半まで。ホルモンバランスが安定する25歳からのブツブツは、全部吹き出物と呼ぶべき。よくいう〝大人のニキビ〟も、正しくは吹き出物です。

Q 61

白ニキビと、黒ニキビの違いって?

毛穴の中に皮脂の塊がおさまっていれば白ニキビ。溜まった皮脂が毛穴を押し広げて表面に顔を出し、酸化すると黒ニキビに。そして、白ニキビや黒ニキビが進行して、炎症を起こしたものが赤ニキビ。自分の顔にあるものがどのタイプなのか、見極めてから正しいケアを!

Q 62

ニキビができるとつい、つぶしてしまいます

絶対につぶしちゃダメー!

ニキビ跡が残って、取り返しのつかないことになりますよ。アルコール入りの化粧水で消毒をしたあと、ニキビを揺り動かして出やすくし、色素沈着しないよう美白ケアをしていくというお手入れがおすすめ。まず、水で湿らせたコットンに、アルコール入りの化粧水を含ませ、ニキビにかぶせたら、上から指先で軽く揺らす↓コットンをはずして、ニキビのまわりを指先でつまんでほぐす↓水で湿らせたコットンに美白美容液を含ませ、ニキビの上にピタッと貼る。つぶすよりずっと安全・安心だから、試してみて!

Q 63

毛穴もニキビも気になる。どこからケアすればいい？

一度に解決しようと欲張っても、中途半端に終わるだけ。長い目で見れば、ひとつひとつケアしていくほうが早いですよ。より気になっているトラブルを優先してケアを。ひとつのトラブルを克服すれば、それが自信となって、スムーズに次のステップへ移行できます。

Q 64

おでこが白ニキビでザラザラ。毎日髪を洗っているのに……

おでこやこめかみ、あごの裏などは、クレンジングや洗顔料、シャンプーのすすぎ残しによって雑菌が繁殖し、ブツブツが出やすいゾーン。髪の毛を毎日洗うのは結構だけど、神経を注ぐべきは、洗うことよりも〝すすぎ〟。前髪をおろしているなら、なるべく毛先がニキビを刺激しないような髪型に。ザラザラを気にして、手で触るのもＮＧですよ。

Q 65

生理前になると肌が硬くなって必ずニキビが

それが分かっているなら、〝前倒しケア〟ができるはず。スクラブ洗顔（P167）で古い角質を取りのぞく。ローションパック（P168）を朝晩する。甘い物や刺激物を控える。半身浴で代謝をよくしておくなど、吹き出物が出ないように対策をとってみて。生理前はホルモンバランスが不安定になるので、ブツブツが出やすいのは確かです。でも、予防ができれば恐怖心はぐっとやわらぎますよ。自分の肌がどんなサイクルで変化しているのか、「肌日記」をつけるのもおすすめですね。

Q 66

頬のあたりにいつもニキビが。脂性肌だから?

アブラの分泌は年齢とともに減っていくもの。なのに、大人になってから脂性というのは、お手入れに問題ありかも。オイルクレンジングをしていませんか? 顔を洗いすぎていない? アブラが増える原因を探るとともに、ローションパック(P168)で肌の水分と脂分のバランスを整えて。アブラを気にして取りすぎると、かえって肌はアブラを搾り出すという結果に。正しいケアは水分をプラスしてあげることです。

Q 67

目の横あたりに、プチッとした脂肪の塊のようなものがある

おそらく、コレステロールの塊でしょう。皮膚のやわらかいところに、左右対称に出るのが特徴です。カニやエビなどを好んで食べていませんか？　甲殻類のとりすぎも、プチプチを増やす原因に。化粧品よりも、まずは食べ物を見直して。

Q 68

吹き出物があるときは、
メイクをしないほうがいい？

しないほうが肌は喜びますよ。

Q 69

季節の変わり目にニキビが増えてしまう

体調を崩しやすい季節の変わり目は、実は肌にとっても過酷なとき。夏の終わりに肌疲れがどっと出たり、春先に吹き出物が出やすいのもそのせい。そんな肌にパワーをくれるのが、集中ケア。私は春先・初夏・秋の年3回取り入れています。2~3週間で肌を立て直すキットが各メーカーから出ているので、チェックしてみて。疲れやすい大人肌を底上げしてくれる、強い味方ですよ。

Q 70

疲れると、口まわりやフェイスラインにブツブツが

口のまわりのブツブツは、胃腸が弱っているサイン。豆腐やヨーグルトなど消化のよいものをとり、お酒やタバコは控えめに。一方、運動不足や精神的ストレスで吹き出物が出やすいのがフェイスライン。これらはスキンケアを替えるよりも、まずは生活習慣を見直すことから始めてみて。

Q 71

ニキビができにくい肌にするには?

体の内と外の両面からケアするのがベストです。野菜、果物、海藻類などをバランスよくとって、胃腸の調子を整える。お風呂にゆっくりと浸かり、体内の循環をよくする。ストレスを溜め込まない。週に1度の角質ケア（P167）とローションパック（P168）で、肌をやわらかくしておく。顔を洗いすぎない……。どれもニキビ予防には大切なケア。できるものから、自分でできる範囲で取り入れてみて！

Chapter 6

毛穴

「点にとらわれていると、
魅力のありかが見えなくなる。
もっと全体を見るようにして」

PORE

Q 72

毛穴を目立たなくしたい！

みんな毛穴を嫌いすぎ！

つるんとした、キューピーちゃんみたいな肌になりたいの？　毛穴がなかったら、大変なことになりますよ。毛穴はあって当たり前。それを無理にピーリングで平らにしようとしたり、鼻パックで角栓を剝がしたり、指で皮脂を押し出したり……。そういう手荒なことをするから、余計に目立ってしまう。「毛穴問題は、水分問題」。水分がなくなれば毛穴が目立つ。毛穴を目立たなくさせる一番の近道は、肌に水分を与えること。お手入れの中心は保湿！　ローションパック（P168）、ウォーターマッサージ（P174）、水を飲む……。とにかく水に関係するケアを。毛穴を撲滅しようだなんて、思わないで。

Q 73

顔全体のキメが粗くなって化粧崩れもひどいんです

そもそも、キメの整った肌って、どんな肌だと思いますか？　ゆでたまごみたいなツルンとした肌？　毛穴の見えない肌？　そうじゃないの。規則正しい凹凸があり、その間の溝で皮脂と汗が混ざりあって、天然のナチュラルクリームを作っている。これが健康な肌。凹凸が整っていれば、光がきれいに反射するから、肌が明るく見えるんです。キメが粗くて毛穴が目立つのは、顔そり、角質ケア不足、無理なピーリング、乾燥などによって、顔の表面の凹凸が乱れているから。たっぷりと水を飲む、よく眠る、ローションパック（Ｐ１６８）をするなど、体の内と外から水分チャージをして、しぼんだ肌をふっくらとさせて！　そうすれば、キメの粗さが目立たなくなり、メイクのもちもよくなりますよ。

Q 74

小鼻の角栓を抜くのが大好き。これってまずいですか？

はい、まずいわよ。

あなたは楽しいかもしれませんが、肌は「もう、やめて～！」と悲鳴を上げているはず。そのうちに毛穴が閉じなくなって、凸凹した肌に。それでもいいのなら、好きなだけどうぞ。

Q 75

指先で毛穴の汚れを押し出すの、ダメ？

ダメ！　今すぐおやめなさい。雑菌が入って炎症を起こしたり、毛穴を傷つけてしまいますよ。それよりも〝汚れが溜まらない肌〟を作ることを考えて。

Q 76

コンシーラーを使っても、引き締め化粧水を使っても、毛穴が消えない!

隠そうとすればするほど、毛穴は目立つもの。気になるのなら、いっそファンデーションごと省いてしまっては。スキンケア後、下地と日焼け止めクリームを混ぜたものを塗り、上からお粉をたたくだけ。下地と日焼け止めを混ぜたものに、乳液を足せば肌なじみがよくなるし、色みがほしければ、リキッドファンデーションを少し混ぜてみる。これなら、素肌感とよそいき感の両方が狙えるし、時間がたってもファンデーションが毛穴落ちしません。また、引き締め化粧水は、私は基本的におすすめしません。佐伯式ケアでは、化粧水は肌をふやかすもの。水をたたえた肌は、自然に毛穴を目立たなくさせます。

Q 77

黒ずんだ毛穴やイチゴ鼻を何とかしたい

その黒ずみは、毛穴に溜まった皮脂が酸化したもの。洗い残しや、オイルクレンジングによる毛穴づまり、角質ケア不足などが考えられますね。スクラブ洗顔（P167）で肌表面の古い角質をケアしたら、ローションパック（P168）で肌をやわらかくして、皮脂が出やすい状態にして。さらに、半身浴をして汗をかいたり、ウォーターマッサージ（P174）で肌を奥から活性化させれば、しだいに改善されていくはずですよ。

Q 78

寝不足だと、毛穴が開くような気がします。これはなぜ？

よく鏡を見て！　気になるのは、毛穴だけではないはず。皮膚は寝ている間に〝再生〟しています。それが充分にできないと、翌朝、乾燥、くすみ、たるみといったサインが出てくる。日によって、毛穴が開いて見えたり、シミが濃く見えるのもこのせい。これはもう、「たっぷりと寝てください」としか言いようがない。それが無理なら「質のよい眠り」を。部屋の温度や寝具、香り、精神状態などは、眠りの質を大きく左右するといいます。ちなみに、まとまった睡眠時間が確保できない私は、どこでも熟睡できるのが特技。寝ることは肌にとっても大切なんです。

Q 79

夕方になると、顔がテカって毛穴が目立つ。化粧直し法は？

保冷剤で、鎮静を！　私たちの体はよくできていて、寒くなると毛穴を閉じて熱をこもらせ、暑くなったら毛穴を開いて熱を放出するの。つまり、肌を冷やしてあげれば、毛穴は一時的に締まるというわけ。ケーキなどについてくる保冷剤を、タオルハンカチに包み、ジッパーつきのビニール袋に入れて持ち歩いてみて。少しずつハンカチが湿ってくるから、それで汗を押さえれば、汗や皮脂の除去と同時に、肌の鎮静ができる。また朝のメイク前に、冷たいタオルで顔を押さえれば、毛穴がキュッと締まって、メイクのノリがよくなりますよ。

Chapter 7

クマ、くすみ、赤み

「まず、血がきれいであること。
これを見落としている女性が多い。
体の中にも目を向けて」

DULLNESS, REDDISHNESS, ETC.

Q 80

夕方になるとクマが目立ってくるんだけど、メイク以外で目立たなくすることはできる？

できます！

本当のクマって遺伝性なのよ。皮膚が黒くなってしまっているものがクマなの。たいていの人が言うクマは〝くすみ〟。くすみは血行をよくしてあげればいい。温ケアやマッサージをしてみて。

Q 81

まぶたにアイクリームは塗らないほうがいいって聞いたけど、ホント?

ホントです。下まぶたに塗った残りを上まぶたにのばして、プッシングしてあげるくらいで十分。

Q 82

まつげが減ってきたように感じるんだけど、まつげ美容液は使うべき？

アイクレンジングが雑だったり、ビューラーのやりすぎ、などなど負担をかけすぎてきたからだと思いますよ。まつげは、ちゃんと丁寧にケアすれば生えてきますよ。私くらいの年でも、白髪だけど、ちゃんと生えてくるもの。クレンジングを丁寧にして、目の中も洗って、アイケアを丁寧につけて、あたためてリンパマッサージしてあげたら、特別なことはしなくても大丈夫です。

Q
83

クマとくすみの違いは？

「クマがひどいんです」というので顔を見てみると、クマでも何でもない、ということはよくあること。クマとくすみの見分け方はこう。くすみは目の下だけが黒ずんでいる。対して、目を取り囲むように黒くなっているのがクマです。病気などで薬を飲み続けている人は、黒ではなく、茶色っぽくくすんでいることがありますね。クマはおもに体質によるもの。くすみは不完全なクレンジングや、生活習慣が招くことがほとんどです。あなたは、クマ？ くすみ？ きちんと見極めてから、適切なケアをして。

Q 84

目の下の万年クマ、もう消えない？

クマは遺伝の要素が強いから、完全に消すのは正直むずかしい。でも、お手入れ次第で、薄く見せることは可能です。そのためには、まず血流をよくすること。血流が滞っているから、うっ血しているように見える。半身浴をして体を温める。塩分を控えて水をたっぷり飲む。血液がサラサラになるもの（トマトや納豆、たまねぎなど）を積極的にとる。スキンケアでいえば、佐伯式温・冷ケア（P１７４）で、肌を奥から活性化させるなど、体質改善をするつもりで、とことんインナー・ケアをしてみて。さらに、目のまわりを軽く指先で押すプッシングや、リンパマッサージ（P１７３）もおすすめ。もちろん、寝不足は避けてね。

Q 85

まぶたのくすみ、むくみがひどい

クレンジングで取りきれなかった、アイシャドウやマスカラの色素が肌に沈着すると、やがてくすみに。だから、ポイントメイクアップリムーバーを使って、ひと粒の汚れも残さないつもりで、アイメイクを取り除くこと（P166）。とくにアイライナーやラメを使ったものは肌に残りやすいので、注意深く念入りに落として。目のまわりというのは、排気ガスや、涙、目ヤニなどで、想像以上に汚れているもの。たとえアイメイクをしていなくても、目元にはポイントメイク落としを使うのがベター。一方、まぶたのむくみは、アイクリームのつけすぎの可能性も。上まぶたは〝吸い取り紙〟。どんどん化粧品を飲み込むから、つけすぎると重たくなって、むくんだようになることがあるんです。目の下につけて残ったものを、上まぶたにポンポンとつける。アイクリームはこの要領で！

Q 86

年々、肌の透明感がなくなっている気がする

それは、当たり前！

体力が落ちるのと同じように、肌体力も衰えてくるんです。でも、そこでふんばって20代の肌をキープするか、一気に50代の肌に突入するかは、あなた次第。年齢を重ねて顔のクリア感が衰えてくるのには、血流が大きく関係しています。一日20分でもいいので、ウォーキングをするとか、駅ではエスカレーターではなく階段を使うなど、軽い運動をして血液の流れを促して。

Q 87

日に当たると顔や首が赤くなりブツブツが発生する

若いころ、野外スポーツなどで、紫外線をたっぷり浴びませんでしたか？　そういった過去の蓄積が、あるとき〝容量オーバー〟となって、赤みやブツブツという形で浮上してくることがあるの。手っ取り早い対処法は、なるべく太陽に当たらないこと。もちろん、外出時の日焼け止めクリームは必須だけど、SPFの数値だけに頼らず、SPF20程度のものでいいので、たっぷり・しっかり塗る。そして、長袖シャツやストールなどで、〝物理的〟に太陽から肌を守って。水分をたっぷりととるのも、有効ですよ。

Q 88

時間がたつと、メイクをしていても鼻まわりがどんどん赤くなる

ズバリ、触りすぎ！　鼻のまわりは皮脂や汗が出やすいし、吹き出物やブラックヘッドなどを気にしている人が多いから、おそらくあなたも、そういったことで無意識のうちに鼻を触っているのでは？　とくに、汚れた手で顔に触れると、そこからブツブツができたり、炎症を起こしたりすることが。鼻のまわりがかゆくなったり、赤くなったら、濡れたコットンで押さえて鎮静させて。赤みがあるということは、熱をもっているということ。冷やしてあげるのが大事です。

Q 89

口のまわりの黒ずみがひどく、毛深い気もする

こすりすぎ、顔剃り、持って生まれた色素など、原因はいろいろ考えられるけど、気にして触ると、ますます色が濃くなるから、あまりナーバスにならないで。カチカチで茶色い高野豆腐が、水を含むと白くなるように、私たちの肌も、水分があれば白く見える。つまり、黒ずみを少しでも目立たなくさせるには、水分を与えるのがベスト。一日1・5リットル以上の水を飲み、ローションパック（P168）を徹底的にやる。温・冷ケアやウォーターマッサージ（P174）で、肌を奥から活性化させるのもおすすめです。

Q 90

新しい化粧品を使うと、必ず肌が赤くなってしまう

化粧品のせいにしないで。同じものを食べても、体調が悪ければお腹をこわしてしまうように、肌のコンディションも、化粧品に対する反応も体調によってまったく違ってきます。また今の化粧品レベルなら、つけてすぐに赤くなるということは、きわめてまれ。化粧品を疑うよりもまず、睡眠時間、ホルモンバランス、ストレスの溜まり具合など、自分自身への問いかけを！　過度な恐怖心は、かえって肌を敏感にしてしまいますよ。

Q 91

乾燥肌だけど、スクラブを使うべき?

乾燥肌や敏感肌だと思い込んでいる人ほど、〝取る〟ことをしないから、肌表面に角質が溜まりやすい。そして、角質が溜まった肌はカサつく……という悪循環に。実は、こういう人こそスクラブ洗顔(P167)をするべき。スクラブのツブツブが気になるなら、同量の洗顔料とぬるま湯2~3滴を手のひらで混ぜて、肌あたりをゆるめてから使ってみて。古い角質を取り除くことで肌に透明感がよみがえり、化粧品の浸透もよくなる。理想のペースは週に1度。やりすぎも肌によくありませんよ。

Q 92

チズ先生の肌は、なぜくすまないの？

くすまないようにしているから。塩分をとりすぎない。一日2リットルの水を飲む。朝晩のローションパック（P168）。適度な運動。毎朝のトマトジュース&ヨーグルト。よく笑い、よく眠る……。この生活を続けていたら、肌はくすむことができないんですよ。

Chapter 8

唇

「清潔感、品格、鮮度。
ぜんぶが露出するところ。
絶対に嘘がつけない場所」

TROUBLES WITH LIPS

Q 93

唇の輪郭がぼやけてきた……

唇というのは粘膜の一部。その粘膜が年齢とともに退化して黒く、硬くなり、皮がむけたり輪郭がぼやけてくる。それは、言ってみれば自然なこと。でも、少しでもハリ感や〝キリリ感〟をもたせたいなら、粘膜に負担がかからないよう、なめない、唇の水分を奪うパールやラメ入りの口紅を避ける、などの工夫をしてみて。メイクのときは、ぼやけがちな口角や、唇の山の部分を、リップペンシルでしっかりと描けば、口元が引き締まりますよ。

Q 94

年中唇が荒れている。リップクリーム以外の対策は？

私がおすすめしているのは、ハチミツ。ハチミツを唇に塗ったあと、小さく切ったラップをペタッと貼ってみて。リップクリームにも〝蜜蠟〟というものがよく使われているけど、昔からハチミツは、保湿性のあるものとされてきたの。それから、リップクリームはモノによって、塗りすぎるとかえって唇が荒れてしまうことも。いつも使っているもので唇がうるおわなければ、違うものにトライすべき。本当はこういうものにこそ、お金をかけてほしいのだけど。

Q 95

〝う〟の口をすると、口まわりに縦ジワが入るので、人前でお蕎麦がすすれない

今、気づいて大正解！　将来、うめぼし口にならないように、今日から予防のケアを。それには、口のまわりの筋肉（口輪筋）を鍛えることが最優先。大きく口を開けて「あ・え・い・お・う」と発声する佐伯式「あえいおう運動」や、口のまわりを手で軽く押して刺激する「プッシング」などがおすすめです。クリームをつけるなどという表面的なことではなく、まずは〝たるまない肌〟を作ること！

Q 96

唇のフチの黒ずみが気になるのですが

ズバリ、〝塩害〟ね。目尻がただれて黒くなったり、口角が黒ずんでくるのは、涙や唾液に含まれる塩分のしわざ。とくに30歳をすぎると、知らないうちに涙がにじんだり、口角に唾液がたまってくることがあるの。これを繰り返すうちに、その部分が塩分で刺激されて、黒ずんでしまうのです。お手入れ法は、塩分をすばやく取り除くこと。涙や唾液、汗は、乾いたものでこすらず、濡れたタオルなどでぬぐう。また、ラメ入りの口紅は、唇を乾燥させやすく、体がよけいに唾液を出そうとしてしまうのでNG。気をつけて!

Q
97

唇の縦ジワ、どうにかならない？

とにかくうるおいを与えること。といっても、特別なことをする必要はなく、唇にまでローションパック（P168）をして、さらにラップをかぶせてみたり、美容液を唇に塗るのもおすすめ。また、マット系の口紅は、縦ジワを強調してしまうから、グロスを上手に使ってみて。

Chapter 9

ボディ

「ヌードこそが最高の下着。
ボディをおろそかにしない人は
ホンモノの女性です」

TROUBLES WITH BODY

Q 98

首のちりめんジワが、さざなみのように……

ちりめんジワは、肌の浅い場所で起きているもの。私が見るかぎり、特に首が細い人、長い人はちりめんジワが寄りやすい傾向に。摩擦、日焼け、汗はぜんぶシワの原因。だから私は、なるべく衿つきのコットンシャツを着て、汗や日焼け、化繊による摩擦から肌を守るようにしています。すぐに手を打てば、顔よりもぐっと早く結果が得られるのが首。まずは、弾力を高めるエラスチン入りのネッククリームで、マッサージをしてみて。3～4ヵ月経ってクリームがなくなったころ、何かしらの変化が出てくるはず。私は、季節によって使うネッククリームを替えています。そうすれば、どれが自分に合うかがわかるでしょう?

Q 99

首のマッサージは上から下？ 下から上？

両方アリです。

〝活性化〟が目的のアメリカ式なら下から上、〝鎮静〟のフランス式なら上から下に手を動かします。顔色が悪いときは左右の手で交互に首をなであげるように。むくみが気になるときは、あごの下から鎖骨に向かって、リンパを流すようにゆっくりと。両方したいなら、最初にリンパを流してから活性化、の順で！

Q 100

セルライトが取れません！

取れることをしてないから。

セルライトは、脂肪の問題。温めて血行をよくすれば、だんだん薄くなっていきます。お風呂上がりにボディクリームをつけて、気になるところを下から上へとマッサージしてみて。このとき、脚なら脚、ヒップならヒップと、ひとつの場所に集中するのがポイント。あれもこれもと欲張ると、散漫なケアになってしまいますよ。とにかく、少しずつでいいから、〝温めて脂肪を動かす〟を続けてみて。

Q 101

二の腕がたるみすぎて……ノースリーブが着られない

たるませてしまったのは誰なの?と、逆に私から質問したい。ダンベル体操だとか、腕立て伏せだとか、何か努力のひとつでもしてみたの? とにかく、自分ができそうなことを、まずは3ヵ月続けてみて。3ヵ月で人間の体って変わるから。私は昔から、寝室に航空会社のポスターを貼っているの。水着姿のモデルさんが、シャキーッと格好よく立っているポスターを毎日見ては、「私も、こんな脚になりたい!」「まだまだ、負けられないわ!」と、自分を奮い立たせて、朝のエクササイズをする。そして、鏡を直視することも大事ね。鏡は正直。すべてを映し出してくれます。自分の欠点も長所も、きちんと見極めること。そこからスタート!

Q 102

手の甲がシワシワでおばあちゃんのよう

シンプルなことだけど、こまめに手を洗うことね。それから、手にもローションパック（P168）をする。たっぷりとハンドクリームを塗り、手が荒れやすい冬などは、その上から綿の手袋をして寝る。こういうことを、面倒くさがらずにできる人は、手がきれいな人です。ハンドクリームが手元になければ、石鹼で手を洗ったあと、左右の手をこすりあわせるだけでもいいんです。自分の皮脂が、天然のハンドクリームになりますから。

Q 103

かかとがガサガサで、サンダルが履けません

だったら、佐伯式「かかとパック」を。お湯でかかとをふやかしたあと、軍手を手にはめて、かかと周辺をこすりながら角質を取り、水けをふきとったら、ボディクリームをたっぷりと。その上からラップを巻けば、体温と水分で、かかと部分がスチームサウナ状態に。もっとツルツルにしたいなら、その上からアルミ箔を巻いて、シャワーキャップをすっぽりと被せる。軍手、ラップ、アルミ箔など、家にあるもので簡単にできるから、休みの日などにぜひやってみて。

Chapter 10

その他

「何をつけるかではなく、どうなりたいか。
30代からは、肌をブランドに」

OTHERS

Q 104

眉毛がだんだん薄くなってきた

25歳をすぎて、眉毛が増える人なんていません。眉毛だけではなく、全身の毛が薄くなっていくのが普通だから、気にしないで。しかも、眉毛はメイクで描くことができるでしょう？ ただし、これまで眉毛をさんざん抜いてきた人、染めていた人、アートメイクをしている人などは、相当のダメージを受けているはずだから、より速いスピードで薄くなっていくかも。健康な眉毛を長くキープするためには、こすったり抜いたりせずに、ときどき眉骨の上をプッシングしてあげること。これなら、できるでしょう？

Q 105

眉毛が左右非対称。どう調整すべき？

長年、女性の顔を見てきたけど、ほとんどの人が非対称ですよ。そして不思議なことに、無理して左右の眉を合わせようとすると、どんどんおかしな顔になっていくの。昔、左右の眉が段違いのアイドル歌手がいましたが、彼女はそのアンバランスさが魅力になっていました。左右非対称だからこそ、人間味や愛嬌が出てくるのです。そもそも、あなたの眉が左右対称かどうかなんて、人はそこまで見ていませんから。メイクのときに、自分の好きなほうに合わせて眉を描く。それだけで充分よ。

Q 106

髪の毛は毎日洗うべき？

いいえ、毎日洗わなくてもいいんです。

Q 107

顔剃りがダメだとおっしゃっていますが、それはなぜ？

桃の産毛を想像してみて。あの無数の毛が、雨風など外部の刺激から、大切な果実を守ってくれているんです。私たちの体毛も同じ。本来、体を保護するために生えているのが毛。それを、頻繁に削り取ってしまうと、肌はガード機能を働かせて硬くなってしまいます。とくに耳の前の、いわゆるもみあげの部分には、たくさんの神経が集まっていると聞きます。どうしても剃りたければ、月1回程度にとどめて。

Q 108

ひげが生えています。どうしよう……

ひげは、剃れば剃るほど濃くなります。しかも肌に刃物を当てると、皮膚は自らを守ろうとして、硬く厚くなっていくんです。だから私は、顔剃りに反対なの。どうしても剃りたいなら、毛の流れに沿ってゆっくりと、月に1回程度。もしくはブリーチ剤での脱色や、根元を押さえて抜くという方法もアリです。肌のことを考えれば、私は剃るよりも、脱色や抜くほうがベターだと思います。

Q 109

化粧品に使用期限ってあるの?

未開封なら2年、開封したら1年で使い切るのが目安。とくに日焼け止めクリームは、去年のものを引っ張り出してきて使う人が多いけど、絶対にやめてください。酸化したものを塗っても、かえって肌を汚くするだけ。クレンジングや化粧水など、毎日たっぷりと使うものは、1ヵ月で1本を目安に。

Q 110

化粧品はやっぱり同じブランドで揃えるべき？

その必要はまったくなし。

今はこれだけたくさんの化粧品が出ているのだもの。いろんな化粧品を使ったほうが、自分も楽しいし、肌も喜ぶと思う。化粧水からメイク用品まで、ラインで揃えていたのは昔の話。ただし、あえて言えば、肌に入っていく化粧水と美容液は、同じブランドで揃えたほうがベター。それ以降に使うクリームや日焼け止めは、自分が使いやすいものを選んで。

Q 111

オールインワンタイプの化粧品って、どう思いますか？

それなりのケアでは、〝それなりの肌〟よ。

佐伯式ケアで、ローションパック（P168）をしたら3分、美容液をつけてまた3分、そしてクリームでフタ、と〝咀嚼タイム〟を設けるのは、それぞれの化粧品がもつ役割を、最大限に発揮させるため。それを一度で済ませるなんて、本来はありえないと思う。

Q 112

マスカラを取るときに、まつげが抜け落ちてしまう

力を入れて、ガーッとこすり落としていない？　きちんとポイントメイクアップリムーバーを使っていますか？　私がいつも言う言葉は、「メイクにかけたのと、同じ時間をかけてクレンジングをして」とくにアイメイクは、コットンと綿棒をフル活用して、色素を一粒も残さないつもりで、丁寧に落とすことを心がけて（P166）。

Q
113

まつげが下向きに生えているので、ビューラーがきかない

そんなときは、「指アイロン」！

まず、手のひらに反対側の人差し指の腹をこすりつける。摩擦で指先が熱くなったら、その指で、すかさずまつげをクイッともちあげて。これが自前のアイロンとなって、まつげを上向きに形状記憶させてくれます。

Q 114

自分の肌に、どの化粧品が合うのか分からない

あなた自身が分からないものを、どうして私が分かるの？　もっと自分の肌と、きちんと向き合って。香り、感触、パッケージ、値段といったものを自分でキャッチして、「これ！」と思ったものを使えばいいんです。ただし、気になるものを全部買っていたら、お金がいくらあっても足りないから、サンプルを上手に活用して。サンプルを渋るようなメーカーは論外です！

Q 115

高い化粧品は、やっぱり質がいいの？

よい原料を使っているものは、それなりに値段が張るのは確か。とくに水にこだわっているメーカーを、私は信用しています。ただし、あまりにも高価なものは、買い続けるのが難しいし、そもそもどこにコストをかけているかも疑問。容器がやたらと立派だったり、宣伝にお金をかけていたり……。そうではなくて、その化粧品自体があなたの肌を満足させてくれるかどうか。それを見極めなくては。ある程度のレベルを求めるなら、値段の目安は基礎化粧品で単品が８０００～１万円。ただし、値段だけに惑わされないで。

Q 116

メイクを落とさないで寝てしまった。どうしよう……

悪いけど、こういう質問にはあまり答えたくない。好き勝手やって肌を汚くして、泣きついてくる。そんな女性を、私はこれまでに何人も見てきたの。もう、美容以前の問題ね。こういう人は、お助けケアを教えると、何度でも同じことを繰り返すんです。だから、絶対に教えません！　必ず落としてください。以上！

Q 117

保湿と美白、両方ケアしたい。重ねて使ってもOK？

あれもこれもと欲張ると、「どっちなのよ」と肌は混乱してしまう。どちらかひとつに集中するのがベターです。たとえば、保湿系の化粧水を1本使い切ったら、次は美白系という具合に。どうしても両方使いたいなら、「朝は美白・夜は保湿」、または「今週は美白・来週は保湿」というふうに切り替えて。同時に2種類を使っても、最初につけたものしか肌に入らないから、もったいないですよ。

Q 118

肌に悪いと分かっていても、どうしても夜更かしがやめられません

肌に悪いと分かっていてやっているんだから、世話ないわね。美肌作りのゴールデン・タイムと言われるのが、夜の10時から2時。この時間帯にベッドに入っているのが理想だけど、それが無理ならせめて質のよい眠りを。寝る前に半身浴をしたり、ヒーリングミュージックを聴いたりして、考えごとや疲れをベッドに持ち込まないこと。どうしても夜更かしをしたいなら、クレンジングをして肌を裸にしてから。夜9時をすぎたら、食べ物を口に入れないのも鉄則です。なぜならば、〝お休みモード〟に入った胃が、食べ物を充分に消化できず、吹き出物の原因になるから。ただし、お水を飲むのはOK。きれいになりたい気持ちがあるなら、それぐらいは守れるはず。

Q
119

日焼け止めはやっぱりSPFが高いほうがいい？

たしかにSPFの数値が高いほうが、日焼けから肌を守る力はあるけれど、そのぶん肌への負担も大きいことを覚えておいて。SPF1で約20分のプロテクト効果があるので、ふつうに生活するなら、SPF20程度で充分。「日焼け止めクリームを塗ると、肌がヒリヒリする」という人は、とくにSPFの数値の低いものを選んで。汗や摩擦で落ちたとき、こまめに塗り直せば、効果はちゃんと続きますよ。

Q
120

涙袋にマスカラが色落ちします。対処法は？

むしろ、色落ちしないほうがこわい。そういうマスカラは、クレンジングでも取りきれないから。「色落ちするぐらいでいい」と思って、涙袋についた色素を、こまめに綿棒で取り除いて。肌につけっぱなしにすると色素沈着して、くすみの原因になりますからね。それから最近、私が気に入っているのが、マスカラの前に塗るトリートメントやベース。まつげとマスカラの間に、1枚の膜を作ることで、クレンジングのときにマスカラが簡単に落ち、目のまわりを必要以上に汚さないから。興味があるならチェックしてみて。

Q 121

何もお手入れしていない母のほうが肌がキレイ。肌質は生まれ持ったもの？

確かにそれはあるわね。母親の肌がキレイだと、娘もキレイということは多いもの。でも、それはあくまでも〝素質〟。今は、持って生まれた肌質を、自分で変えてしまっている人がほとんど。あなたの場合も、そうかも。10代からのメイク、日焼けサロン、ピーリング、ダブル洗顔、オイルクレンジング……。これだけ肌を酷使したら、それは肌質も変わって当然。私が見るかぎり、〝やらなすぎ〟の肌よりも、〝やりすぎ〟の肌のほうが老けています。お金をかけて肌を汚くしているなんて、もったいない！

Q 122

よく言う5点づけって、どんな意味があるの？

美容液やクリームを、両頬、額、鼻、あごの順に5ヵ所においてから、顔全体にのばす5点づけ。佐伯式ケアの場合は、まず手のひらで化粧品を温めてから5ヵ所に均等にのせ、顔の下から上、内側から外側へとのばしていきます。はじめにふりわける理由は3つ。ひとつは、あらかじめ顔にのせることで体温で化粧品がゆるんで、のばしやすくなるから。2つ目は、顔のすみずみまで均等に化粧品をのばすため。そして3つ目は、最初に化粧品を顔にのせることで、両手がフリーになり、左右の手でシンメトリー（左右対称）にのばしていくことができるから。だから、化粧品の効果も倍増！

Q 123

休日はメイクをしないほうがいいの？

はい、肌を休めてください。

メイクだけでなくスキンケアもしない、つまり肌に何も与えない「肌断食」を、できれば週に1度、やってほしい。肌断食の日は、あわせて肌チェックをします。朝起きて顔を洗ったら、2時間後に鏡を見る。Tゾーンにうっすらと皮脂が出ていれば正常。ギトギトしていたら皮脂過多。2時間たっても肌がパサパサしていたら、乾燥のサイン。こうして、素の肌と向き合えば、翌日からの化粧品選びのヒントが見えるはず。夜は素洗いをしたあと、何もつけずに就寝。一日中家にいられる、休日などにトライしてみて。

第3章

あなたの「佐伯式」間違っています！
15の「勘違いケア」をズバリ指南！

佐伯式スキンケアは、50年以上にわたる
私の美容人生のなかで、試行錯誤を繰り返しながら
編み出した、独自の美容メソッド。
すべてが肌理論に基づき、きちんとした意味を持っています。
そこに自己流のアレンジを加えたり、
大事なステップを省いてしまっては、
効くものも効かなくなってしまいます。
実際の勘違い例を元に、なぜNGなのかを解説します。

ローションパック編 1

水を省いて
ローションだけで
コットンを浸している。

コットンを水ではなく、
ぬるま湯で濡らしている。

衛生面を考えて、
水道水の代わりに
精製水を使っている。

なぜこの方法じゃダメ？

チズメソッド 1

コットンを水で濡らす

1. 肌への鎮静効果を高める。2. ローションのコットンへの吸い込みがよくなるため、使うローションが少量ですむ。3. コットンの毛羽立ちを抑えて、肌あたりをなめらかにする。

ローションパックの際にコットンを水で濡らすことによるメリットはこれだけあります。だから、この工程を省いてしまうのはもったいない。よく聞かれることでもありますが、「水を加えることでローションが薄まる」なんていうこともありません！　さらに肌の鎮静という目的を考えると、ぬるま湯ではなく水を使うのがベター。

また、「精製水を使いたい」という声もありますが、それだと精製水が切れたときにローションパックをやめてしまう可能性も。デイリーケアとしてローションパックを長く続けるためには、私は水道水でいいと思っています。

ローションパック編 2

コットンは裂かずに
そのまま顔に貼るから、
毎回5枚は必要。
コットンの代わりに
キッチンペーパーを使う。
薄く裂くのではなく、
5個に引きちぎって
コットンを使っている。

なぜこの方法じゃダメ？

チズメソッド 2

コットンを裂いて伸ばす

佐伯式ローションパックにおいて、なぜコットンを用いるかというと、コットンはペーパー類よりも水分を多く含むことができて、ソフトな感触で肌をおだやかに鎮静させてくれるからです。さらに1枚のコットンを2枚に裂いて伸ばすことで、顔全体にピタッと密着させることができます。

ですから、ローションパックに使うコットンは、できれば天然綿100パーセントのもの、そして端がミシン留めされていないものをおすすめしています。

もっとも、コットンを2枚に裂くというプロセスに最初は戸惑う方も多いでしょう。でも続けるうちに自然にできるようになりますし、コットン1枚で顔全体をカバーできるので非常に経済的でもあります。

ローションパック編 3

時間があるときは、
10分ぐらい
ローションパックをしている。
ローションパックの前後にも、
ローションを手で顔につけている。
一日何度も
ローションパックを
してはいけないと思っていた。

なぜこの方法じゃダメ？

チズメソッド 3

ローションパックは3分間

ローションをただパシャパシャと顔に叩くだけでは、すぐに蒸発してしまいます。ローションパックは、コットンを通して潤いを肌のすみずみまで行き渡らせるというスキンケア法。

そのためのベストタイムが「3分間」なのです。それ以上おくと、せっかく得た水分がコットンに吸い戻されて、かえって肌がパサつくことに。ローションパックの前後にローションをつけたくなるのはそのせいではないでしょうか。

なお、肌の乾燥が気になるときや、吹き出物があるときは、ローションパックの「時間を延長する」のではなく、「回数」を増やしてみましょう。ローションパックは、一日に5～6回行っても大丈夫。私はこの方法で、瀕死の肌を蘇らせたことがあります。

ローションパック編 4

スッキリ感が好きなので、
アルコール入りの
ローションを使っている。
ローションではなく、
美容液をコットンにつけていた。

なぜこの方法じゃダメ？

チズメソッド 4

アルコールフリーのローションを使う

ローションパックの最大の目的は「整肌」。たっぷりの水分と自らの体温によって、スチームアイロンをかけたように肌をふっくらと整えることで、次の化粧品が入りやすくなるのです。

そのときに使うローションは、水にこだわったものが理想的。肌につけるとスッとするアルコール入りのローションもありますが、肌を整えるという目的から見ると、私はローションにアルコール成分は必要ないと思っています。殺菌を兼ねてニキビケアのために部分的に使うのはアリだと思いますが、デリケートスキンの人などは、全顔につけるとアルコールの刺激に肌が反応して、整肌どころではなくなってしまいます。

ちなみに美容液は「肌の栄養剤」。ローションパックで整えたあとの肌につけてください。

⇨ローションパックの正しい方法は、168～169ページを参照。

その他編 1

濃いめのアイメイクも、
顔のファンデーションも、
全ていっぺんに
落としている。

日焼け止め
クリームだけで
外出した日の洗顔は素洗い。

なぜこの方法じゃダメ？

チズメソッド 5

まず汚れをきちんと落とす

「つけることよりも、まず取ることが大切」というのが私の持論。肌に汚れが付着したままでは、入るものも入りません。つまり、クレンジングはスキンケアの基本中の基本なのです。

ましてやアイメイクや口紅などの色モノは、肌に残ると色素沈着を起こし、くすみを招くこともあります。必ず「ポイントメイクアップリムーバー」を使って、個別にクレンジングをしてください。

なお、ファンデーションを塗らずに日焼け止めクリームだけで出かけた日も、クレンジングは必須。なぜならば、日焼け止めクリームは肌に浸透させるものではなく、紫外線から肌をプロテクトするものだから。よって肌に負担をかける成分も含まれています。帰宅後はすみやかにクレンジング剤で落としましょう。

⇨クレンジングの正しい方法は、164～166ページを参照。

その他編 2

オイリー肌なので、毎日スクラブ洗顔をしている。

化粧水、美容液、クリームは素早く塗り重ねている。

なぜこの方法じゃダメ？

チズメソッド 6

何を使うかではなく、どう使うか

高価な化粧品をただつけているだけでは、肌はキレイになりません。どのタイミングでどうつけるか。これが、化粧品のパワーを最大限に引き出すための大きなカギとなります。

ローションで肌を整え、美容液で栄養を与えたら、クリームでフタをする。化粧品にはそれぞれに「役割」があります。それを無視して次々に化粧品を重ねたら、「一体何をしたいの？」と肌は混乱するばかり。ひとつ塗ったら3分の「浸透タイム」をもうける。これだけで化粧品の効果は2倍にも3倍にもなるのです。

また、スクラブ洗顔は、肌のターンオーバーに合わせて1週間に1度のペースで行うのが理想的。やりすぎると肌に必要なものまで取られて、ヒリつきやシミの原因となるので気をつけて。

⇨美容液、クリームの塗り方は170ページ、スクラブ洗顔の方法は167ページを参照。

もう一度、やりなおす
「佐伯式」スキンケア、総プロセス

第4章

これまでになんども紹介され、
さまざまな人の肌を救ってきた、佐伯式スキンケア。
クレンジング、ローションパック、美容液……
すべてのケアのお手入れ方法を詳細に解説。
いまこそ、正しい佐伯式スキンケアを自分のものに。

クレンジング

CLEANSING

おすすめはクリームまたはミルクタイプのクレンジング剤を使うこと。ゆっくりと肌をなでながら汚れを浮かせたら、水で濡らしたコットンで一旦ふき取る。この「ひと手間」ですすぎがぐっと楽になり、肌への負担も少なくなります。

1

さくらんぼ大を目安にクレンジング剤を手のひらに取り、指先でくるくると混ぜて温める。これで肌なじみがアップ。

2

顔全体にまんべんなく行き渡るように、クレンジング剤を両頬、額、鼻、あごの順で5ヵ所に置く。

3

リフトアップを兼ねて、下から上へと手を移動させるのがクレンジングの基本。まずは、あごの中心から耳の下へ。

4

次は小鼻の脇から耳の前に向かって手をスライド。手の指を揃えて、密着させるようにやさしく汚れを浮かせていく。

5

目頭からこめかみに向かって、顔を包み込むようにクレンジング。デリケートな部分なので決して力を入れないで。

6

見落としてしまいがちな鼻筋は、鼻の頭から額に向かって、左右の手で交互になであげながらメイクを除去。

7

額のクレンジングは、中心から外側へ手を動かして。指の腹を使い、額を両手でゆっくりと開くような意識で行う。

8

髪の生え際など汚れが残りやすい部分も丁寧に。片手でこめかみを押さえて、反対の手で外側から内側へ。逆サイドも同様。

9

額から鼻の頭に向かって、左右の手で交互に鼻筋をなでおろしたあと、鼻の両サイドも忘れずにクレンジング。

10

皮脂やファンデーションが溜まりやすい小鼻。半円を描くように指先を往復させて、溝に落ち込んだ汚れもオフ。

11

口まわりも半円状に手をすべらせてしっかりとクレンジング。最後に、下がりがちな口角を両手でキュッと引き上げる。

12

ふき取りは、水でぬらしたコットン2枚を両手指に挟んで持ち、3~11と同じ手順でやさしく。コットンが汚れたら裏返して。

クレンジング（ポイントメイク）

アイメイクなどは
別に落とすのが佐伯式。

1

水道水で濡らし、手のひらで軽く絞ったコットンに、500円玉大を目安にポイントメイクアップ リムーバーを含ませる。

2

コットン全体にまんべんなくリムーバーをなじませたら、繊維の流れに沿って、コットンを薄く2枚に裂く。

3

薄く裂いたコットンの1枚を三角形に折り、底辺が下まぶたの際にピタリと沿うようにして、目の下に貼りつける。

4

裂いたコットンの2枚目を指で挟んで持ち、アイメイクを落とす。下まぶたに貼ったコットンに汚れを移動させるつもりで。

5

コットンで落としきれなかったマスカラやアイライン、目の際の汚れなどは、リムーバーを含ませた綿棒でオフ。

6

アイメイクをぬぐいながら鼻筋に向かってコットンを集めて外す。目尻にシワを作らぬよう、手でこめかみを固定して。

7

両方のアイメイクを落としたら、リップオフ。口角を手で押さえ、唇のフチから中心に向かって口紅をふき取っていく。

スクラブ

SCRUB

表皮に溜まった古い角質を取りのぞいて、肌の生まれ変わりをサポートするスクラブ洗顔は、週に1度のペースで行うのが理想的。洗顔料と混ぜ合わせればクリーミーな感触になるので、これまで敬遠していた人もぜひトライして！

1

パール大のスクラブ剤と同量の洗顔料に、ぬるま湯を加え、手のひらで泡立てる。これで肌あたりがソフトに。

2

泡立てたスクラブを両頬、額、鼻、あごの5ヵ所へ。スクラブ洗顔は泡をクッションにして行うのがポイント。

3

あご→耳の下、小鼻の脇→耳の前、目頭→こめかみの順に手をすべらせたら、鼻筋、額、小鼻まわり、口元へと移動。

4

あごの裏、耳、首まで洗ったら、ぬるま湯で20回すすぐ。顔の中心から外側に向かって、手を〝丸く〟動かすこと。

ローションパック

LOTION PACK

佐伯式スキンケアの根幹といえばこれ。でもいまだに「どうやって顔に貼るの?」「コットンの裂き方が分からない」という声が多いのも事実。そこでローションパックのプロセスを11ステップにわたって徹底紹介。「うるおう肌」を手に入れよう。

1

コットンを水道水でよく濡らして両手で挟み、軽く押さえて水けを切る。コットンの毛羽立ちを抑えてなじみやすいように。

2

1のコットンに、500円玉大を目安にローションを垂らす。1ヵ所に集中させず、全体に広げてよくなじませて。

3

繊維の流れに沿って、コットンを2枚に裂く。

4

コットンを繊維の流れに対して横に引っぱって伸ばしたあと、縦方向に平行に2本、手で切り込みを入れる。

5

4のコットンをくるりと90度回転させる。先ほど開けたのは呼吸のための穴。これが鼻と口の位置にくるように。

6

4のコットンをシワが寄らないように貼る。鼻からあごまでをすっぽりと覆う。

7

2枚目のコットンも手で引き伸ばし、目の部分に穴を開けて顔の上半分に貼る。

8

そのまま3分間置く。

9

3分経ったら顔の上から下へ、コットンを少しずつ折りたたみながらはがす。

10

折りたたんだコットンで顔全体にやさしくローションをなじませて。最後は手のひらで顔を包み、ローションを定着させる。

11

さらに保湿したいなら、8のステップ後に、ラップを2枚用意し、鼻を中心に上下にかぶせて5~10分置く。スチーム効果でよりもっちり。

美容液、クリーム

塗り方ひとつで、効果に格段の差が出るのを実感しますよ。

1

美容液やクリームを手のひらに取り、指先で混ぜて人肌に温めたあと、両頬、額、鼻の頭、あごの5点に置く。

2

あごから耳の下、小鼻から耳の前、目頭からこめかみへと、下から上、内から外へと、3段階に分けてV字を描くようにのばす。

3

左右の手で交互に2~3回鼻筋をなであげ、額の中心からこめかみに向かって、両手で美容液やクリームを広げる。

4

額の中心から鼻の頭に向かって、ゆっくりと鼻筋をなでおろす。指の腹を使って、肌に成分を送り届ける気持ちで。

5

肌の脂分不足はかえって皮脂分泌を招くので、オイリー肌にこそ小鼻にも美容液やクリームを。半円を描く要領で。

6

たるみやすい口元は、口まわりの筋肉に軽く圧力をかけながら塗る。鼻の下の中心から外へと手を移動させて。

7

顔全体を包み込むように、手のひらでプレス。体温を加えながら美容液やクリームをしっかりと肌に定着させていく。

アイケア

ただ塗るだけではNG！
〝動作〟を足して効果UP。

1

アイクリームは米粒大、アイ美容液の場合は、ワンプッシュを目安に中指にとり、両手指を軽くこすり合わせて温める。

2

人肌に温まって浸透しやすい状態になったら、左右の中指を使って、ポンポンと点状に下まぶた全体にのせていく。

3

2を下まぶた全体にのばす。指を揃えて広い面を使い、目頭から目尻側まで、弧を描きながらゆっくりと手を往復。

4

目元にシワがよらないよう、片手でこめかみを押さえ、皮膚をストレッチさせながらクリームや美容液を入れ込む。

5

目元のシワは外に向かってのびるので、指の腹で内側へしまう意識で。目尻から目頭の方向へとのばしていく。

6

ピアノの鍵盤を叩く要領で、目の下をポンポンとマッサージ。血液やリンパの流れがよくなり、目元がスッキリする。

7

目尻は指で開いてアイ美容液やアイクリームを入れ込む。シワが気になれば溝を埋めるように。左右同じようにケア。

ネックケア

NECK CARE

「首も顔の一部」という佐伯理論で、ネックケアに目覚めた人も多いはず。耳の後ろのツボをプッシュし、鎖骨に向かってリンパを押し流していく……。本格的なのに、やり方はシンプル。だから気づくと続けているという魔法のテクニック。

1

大きめのパール粒大を目安に美容液やクリームを手にとり、人差し指・中指・薬指の3本を使って混ぜて、温める。

2

あごの中心から耳の付け根へ手をスライドさせて美容液やクリームを塗り、最後に耳の後ろのくぼみを中指で押す。

3

首をつかむようにしながら鎖骨を通り、肩までなで下ろす。逆サイドも同様に。リンパの流れがよくなりむくみが引く。

4

首の後ろも忘れずにケア。両手を首の後ろに回し、上から下へとなでる。一連のマッサージを2～3セット行って。

佐伯式＋αケア

PLUS ALPHA CARE

まだまだあった、佐伯式！　ローションパック、アイケアなどの王道ケアとあわせて、タイミングよく日々のお手入れに取り入れて。

リンパマッサージ　Lymphatic Massage

●リンパ節

リンパマッサージは、リンパ液の流れをよくしてくれる〝解毒ケア〟。老廃物を流し込むように、リンパ節に向かってマッサージして。ちなみにリンパ節があるのは、首の両側、鎖骨のくぼみ、腋の下、耳の付け根の後ろのくぼみなど。これらを軽く押すことで老廃物が押し流され、すっきりとしたフェイスラインや艶やかな肌に。コップ1杯の水を飲んでから、バスタイムなどに行うのがおすすめです。

●マッサージ

フェイスラインをすっきりさせるためのマッサージ。①あごの中心から耳の後ろに向かって輪郭に沿って、親指の腹でグッと押しながら手を移動させていく。②耳の後ろまできたら、中指をこめかみに、親指を耳の付け根のリンパ節にあてて、強く押す。③人差し指、中指、薬指であごの中心から耳の付け根のリンパ節に向かってフェイスラインを押し上げる。④最後に、リンパ節を中指で押してから、首をつかみながら鎖骨のリンパ節へと流していく。

美白2段・3段パック Whitening Pack

色の薄いシミやニキビ跡はクレイ（粘土）タイプの美白パックを使った〝美白2段パック〟を。加齢による代謝不良などで肌に残ってしまったメラニンを追い出すのが狙い。美白パックは気になる部分だけに。①ローションパックで肌を整える。こちらは全顔でもOK。②市販の美白用化粧品の、クレイタイプの美白パック剤を使用。説明書にある時間を置いてから、洗い流すかふき取る。パック剤の使用法は必ず説明書でチェックして。色が濃いめのシミやニキビ跡は、2段パックに1ステップ加えた〝美白3段パック〟でさらなるケアを。③ビタミンCなどが入った美白美容液を用意して。①、②の後、水で湿らせたコットンに美白美容液を含ませる。気になる部分に貼って、その上からラップで覆う。3分置いたらはがして。

温・冷ケア Hot / Cold CARE

肌を内側から活性化する〝肌リセットケア〟がこれ。ゆるめる温ケアと引き締める冷ケアを交互にすることで筋肉運動をしたような効果が。①温ケア。タオルをお湯で湿らせてラップで包み、電子レンジで1分ほど加熱。顔だけでなく、首の後ろにもあてると血行やリンパの流れも良くなる。②冷ケア。ゼリーなどの空き容器で作ったアイスキューブをラップでくるんで。また、保冷剤をガーゼハンカチなどで包んで肌表面を押さえて、鎮静させるのもいい。

ウォーターマッサージ Water Massage

こちらは水の力で肌を鎮静化させるケアで、鶴頸スポイトに水を入れ、勢いよく水を当てる。このとき、肌の奥を刺激するイメージを持って、筋肉の流れにそって行うこと。バスタイムにおすすめ。順序は、①額を端から端へ左右往復しながら下から上へ。②右目のまぶた目頭→目尻→涙袋を通って目頭へ、2周。③右頬。フェイスライン側→顔の中心に向かって。あご寄り、真ん中、耳前の3ヵ所から。④次は右頬を顔の中心から外、下から上へ引き上げるように。小鼻→目頭、口角→目の下、あご→耳の3つのラインで。⑤口のまわりを2周。⑥左頬。外から中へ③と同じ。⑦同じく左頬を④と同様に顔の中心から外へ。⑧②と同様、左目をまぶたの目頭側から2周。⑨鼻筋を上から下へ。⑩フェイスラインを、おでこから始めて1周して終了。

第5章

化粧品選びに悩んだら
チャートつきコスメ解説

クレンジング、ローション、美容液、最新のスキンケアアイテムたちを、佐伯チズが実際にお試しして、セレクトしました。すべての化粧品を網羅したわけではありませんがチャート式で、あなた好みの化粧品を選ぶヒントになるようになっています。コスメ選びに迷ったらぜひ参考にしてみてください。

※化粧品の情報はすべて2016年3月現在のものです。価格は税抜き表示です。
掲載されている化粧品のお問い合わせは巻末を参照ください。

Part 1

ローション

LOTION

日本女性がこよなく愛するローション。けれども、その役目や選び方、使い方をきちんと理解している人は少ないのでは？　ここでは国内外のブランドから集めた数々のローションを佐伯さんが徹底検証。テクスチャーの見極め方から肌印象を上げる効果的な使い方までを伝授。使いたいアイテムがひと目で分かる！

1

Chizu rule

表面をうるおすだけではない。ローションは「助走コスメ」

「ローションは毎日使っているけど、顔にパシャパシャとつけているだけ」という人は案外多いもの。でもこの使い方だと、ローションが呼び水となって肌を乾燥させているだけ。ローションの役目は、表皮の一番外側にある角層を水分で満たすこと。これで肌に〝道すじ〞をつけて、次につける美容液やクリームなどを入りやすくさせるのです。コース料理でいえば食前酒といったところでしょうか。シャンパンが胃を活性化させメインディッシュを受け入れる態勢を整えるように、スキンケアの〝助走〞を担うもの。これがローション。大切なステップです。

2

Chizu rule

奥までじっくり送り込みたいからコットンで湿布する

〝手づけ〟では水分がすぐに蒸発してしまう。では、どうすれば効果的にローションで肌に道すじをつけることができるのでしょう。これには〝湿布方式〟が一番。私は、水で濡らしたコットンにローションを含ませ、顔にペタペタと貼っていくローションパックをおすすめしています。そもそも湿布というのは、患部の炎症を鎮めるためのもの。ほてったり、こわばったりした肌に化粧品はなかなか入ってくれません。だから、3分かけて肌を鎮静させながら、水分を角層のすみずみまで送り込む。この〝ひと手間〟が、肌印象を劇的に変えます。

3

Chizu rule

ローション選びのキーワードは、鎮静力と浸透力

洗顔後の肌にダイレクトに働きかけるものだから、感触や香りがローション選びの大きなポイントとなるのは確か。とはいえ、つけた瞬間の感覚だけで選ぶのは少し危険。大人肌なら、〝後肌重視〟のローション選びを。具体的なチェック法としては、ローションパックの後、手で肌に触れたときにひんやりとして指が押し戻されるような弾力を感じたら、それは鎮静&浸透がスムーズにいったサイン。それをクリアしたローションを2～3タイプ揃えて、朝と夜、春夏と秋冬といった具合に使い分けてみて。肌がみるみる息を吹き返しますよ。

Chizu rule 4

私がアルコールフリーにこだわる理由

改めて言いますが、ローションは肌を整えて次にくる化粧品の道すじをつけるもの。そのときにアルコール成分は必要ないと私は感じています。もちろん、吹き出物がある場合や肌をすっきりさせたいとき、美白を強化したいときなど、目的を持って使うのであればアルコール入りでもいいと思う。ただし、アルコールによってヒリつきや赤みが出る人がいるのも確か。ローションは朝晩たっぷりと使うものなので、とくに肌がデリケートな人は、アルコールや香料入りのものは避けたほうが無難です。ちなみに今回はアルコールフリーのローションをご紹介しています。

Chizu rule 5

ローション選びの絶対ルール、大人肌には〝とろみ〟が必要

すっと肌になじむローションは蒸発が速く、とろみのあるものは、じんわりなじんで肌に水分を長く留めてくれる。大まかにいえば、ローションにはこんな法則があります。だから、年齢を重ねた乾きやすい肌ほど、とろみ系ローションが必要。ただし気をつけたいのが、ジェルや乳液タイプのローションに多い〝ねとつき〟を、うるおいと勘違いしてしまうこと。これは時間が経てば一目瞭然で、水分を蓄えた肌はふくふくとし、表面だけがねとついた肌はへタっています。ここをきちんと見極めて。それでは、各タイプのローションを試してみましょう。

［佐伯式チャート］

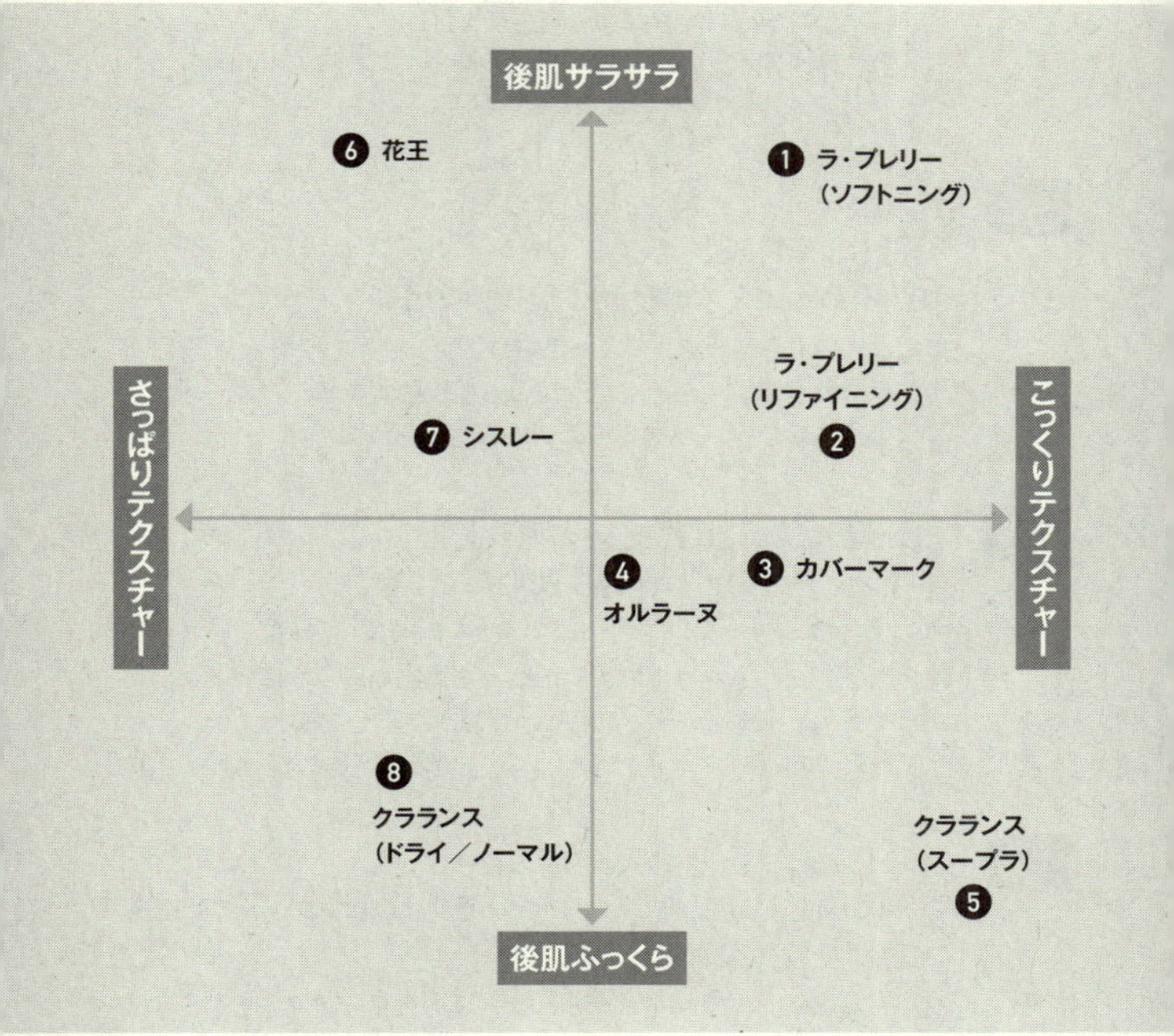
後肌サラサラ
後肌ふっくら
さっぱりテクスチャー
こっくりテクスチャー
❶ ラ・プレリー（ソフトニング）
❷ ラ・プレリー（リファイニング）
❸ カバーマーク
❹ オルラーヌ
❺ クラランス（スープラ）
❻ 花王
❼ シスレー
❽ クラランス（ドライ／ノーマル）

1 「季節の変わり目などの肌がゆらぐ時期や、
夜のセラピーケアに入れたいほど、保湿力が優秀。
まろやかな感触と爽やかな後肌が両立」

セルラーコンプレックス、海藻エキス、リンゴエキスなどを配合。古い角質を取り除きながら肌をうるおし、次の化粧品を受け入れやすくする。ラ・プレリー セルラー ソフトニング&バランシング ローション 250㎖ ¥19900

2 「清々しい香りに包まれながら、
気持ちよく〝整肌〟できるローション。
コクのあるテクスチャーなのに、浸透がスピーディ」

豊富な植物成分配合で、優れたエモリエント効果で肌の水分バランスを整え、引き締まったなめらか肌へ導く。ラ・プレリー リファイニング ローション 250㎖ ¥11600

3 「しっとり感が30代前後の肌にほどよく、
エイジングケアデビューに使いたい1本。
ふっくらと満ちた肌が仕上がるのを実感できそう」

浸透力にこだわった処方で、肌の隅々まで有効成分を届ける。血行を整え、肌本来の潤った明るい状態へと導く化粧水。カバーマーク セルアドバンスト ローション WR 150㎖ ¥10000

4 「ローションパックの入門編にぴったり。
さっぱり仕上げで使いやすいので年代を問わずオススメ。
仕上がりにツヤがあるのも◎」

12種のビタミン、7種のミネラル、8種の微量元素を配合し、肌の栄養バランスを整える。肌に穏やかな処方なので、肌が荒れやすい時期も安心。オルラーヌ オリゴ ヴァイタライジング ローション 250㎖ ¥4800

5 「肌にとどまるこっくりしたテクスチャーで、
大人の肌に満足度が高い。集中的に1本使えば、
肌がピンとする手応え」

年齢とともに変化する肌に向けて、パワフルな植物由来成分を贅沢に配合。まさに大人向けのローションで、肌の実感も早い。クラランス スープラ ローション 125㎖ ¥8000

6 「あっさりとした感触で、肌のすみずみまで行き渡って、
水分を長くとどめてくれる。
乾燥や刺激に敏感な人にぜひ」

うるおい成分のユーカリエキスが角層の奥深くまで届き、刺激に負けない肌へ導く。消炎剤配合で敏感肌でも安心。花王 キュレル 化粧水Ⅱ［医薬部外品］150㎖ ¥1800（編集部調べ）

7 「テクスチャーといい仕上がりといい、
バランスがいいローション。
使っていて心地よく、どんな肌タイプにもオススメ」

ローズ、ヤグルマギク、ハマメリスなどの植物エキスが、クレンジング後の肌を鎮静させつつ、いきいきとした状態へ導く。シスレー フローラルトニックローション 250㎖ ¥9900

8 「しっかりと肌がうるおって、
使用後はひんやり＆ぷるぷるに。
次につける化粧品の浸透まで緻密に計算された1本」

ボダイジュエキス、カミツレエキスなど厳選された植物エキスを贅沢配合。水分と油分のバランスを整えながら、みずみずしく柔らかい肌に。クラランス トーニング ローション ドライ／ノーマル 200㎖ ¥4200

Part 2

美白美容液

WHITENING ESSENCE

毎年、新製品が登場する美白美容液。そろそろ、ただ塗るだけの〝惰性美白〟から卒業してほしいですね。すべてのお手入れに言えることですが、「美白は継続なり」「水分なくして透明肌はなし」なんです。ぱっぱっとテキトウに使って、数日で結果が出ないなんて言っていたら、キレイにはなれませんよ！根気よく、丁寧に使ったら、結果はついてくるはずです。

1

Chizu rule

「美白って一体なに？」使えばそれで白くなるという幻想をまず捨てよう

肌が正常に機能していれば、本来シミやくすみは現れません。ただし、年齢を重ねて肌のターンオーバーが乱れると、自然にはがれ落ちるはずの古い角質や過剰なメラニンが肌にとどまり、シミやくすみに……。紫外線が強くなると女性は慌てて美白ケアに走りますが、ただ表皮に美白化粧品を塗りさえすれば肌が白くなるというのは大きな勘違い。シミやくすみの原因はもっと肌の奥深くにあります。だから根底に働きかけてシミやくすみの出にくい状態にする。これが美白の目的です。とりわけ肌の奥まで届く美容液は美白のメインアイテム。慎重に選びましょう。

2

Chizu rule

美白は継続&回数！まずは3ヵ月続けてみることが大切

「美白は効かない」と嘆く人の多くが、夏しか美白美容液を使っていません。肌の細胞は約3ヵ月で入れ替わるといわれます。お手入れを始めて1ヵ月目で〝肌アカ〟が落ち、古い皮膚が押し出されるのが2ヵ月目。それがはがれ落ちて新しい肌が顔を出すのが3ヵ月目なのです。だから美白美容液も同じものを3ヵ月は使い続けることが大切。その後、他の美容液を試してみるのもいいでしょう。これを繰り返した1年後、ようやく新品の肌というご褒美がもらえます。美白は続けることと回数なんです。週1よりも毎日。一日1回よりも3回。やっただけ効果が出るはずですよ。

3

Chizu rule

シミ？くすみ？ターゲットが定まれば、選ぶべき一本が見える

美白美容液選びのひとつの目安となるのが、テクスチャー。私はよく下敷きに数種類の美容液を垂らし、下敷きを立てて「ヨーイドン」で一斉に流す実験をします。サーッと流れ落ちるゆるめの美容液は、肌全体のくすみケアに。クリームに近いピタッととどまる感触のものは、シミやニキビ跡のようなピンポイントのケアをするときに使いやすい。中には液状でスポッツケアをするタイプもありますが、迷ったらテクスチャーをチェックするのも手。テクスチャーや香りが苦手だと、美白ケアは決して続けられません。「気持ちいい」と感じたものをぜひ！

4
Chizu rule

同じブランドのローションと合わせれば、より深い美白に

水を含むと白くふっくらとして、醤油やダシが染みやすくなる高野豆腐。私たちの肌もまったく同じ。透明感を高め、シミやくすみを目立たなくさせる一番の方法は、ローションパックで肌をふやかしてから、美白美容液を送り込むことです。もちろん手持ちのローションでもいいのですが、新しく買い求めるのなら、美白美容液とブランドを揃えてみて。ラインで使うことで、なじみがスムーズになります。なお、美容液の成分を閉じ込める〝フタ〟となる乳液やクリームは、自分の好みのものでかまいません。自分が心地よくケアできるものを選んでみて。

5
Chizu rule

シミのタイプはさまざま。クレイパックで古い角質を取り除く手も

シミは面ではなく、柱状に存在するのをご存じですか？　しかもその柱は硬い。だから表面だけの美白ケアでは不十分なのです。シミの根本解決は〝シミ柱〟を引き抜くこと。それには佐伯式「美白3段パック」が有効です。ローションパックで肌をゆるめた後、クレイパックで肌を固めて、メラニンの排出を促す。そこへ美白美容液を送り込み、浮いてきた色素をキャッチするという3ステップ。ちょっと高度なワザですが、美白美容液の効果をフルに引き出してくれるので、ぜひトライして。ちなみにビタミンC入りの美容液をおすすめします。

[佐伯式チャート]

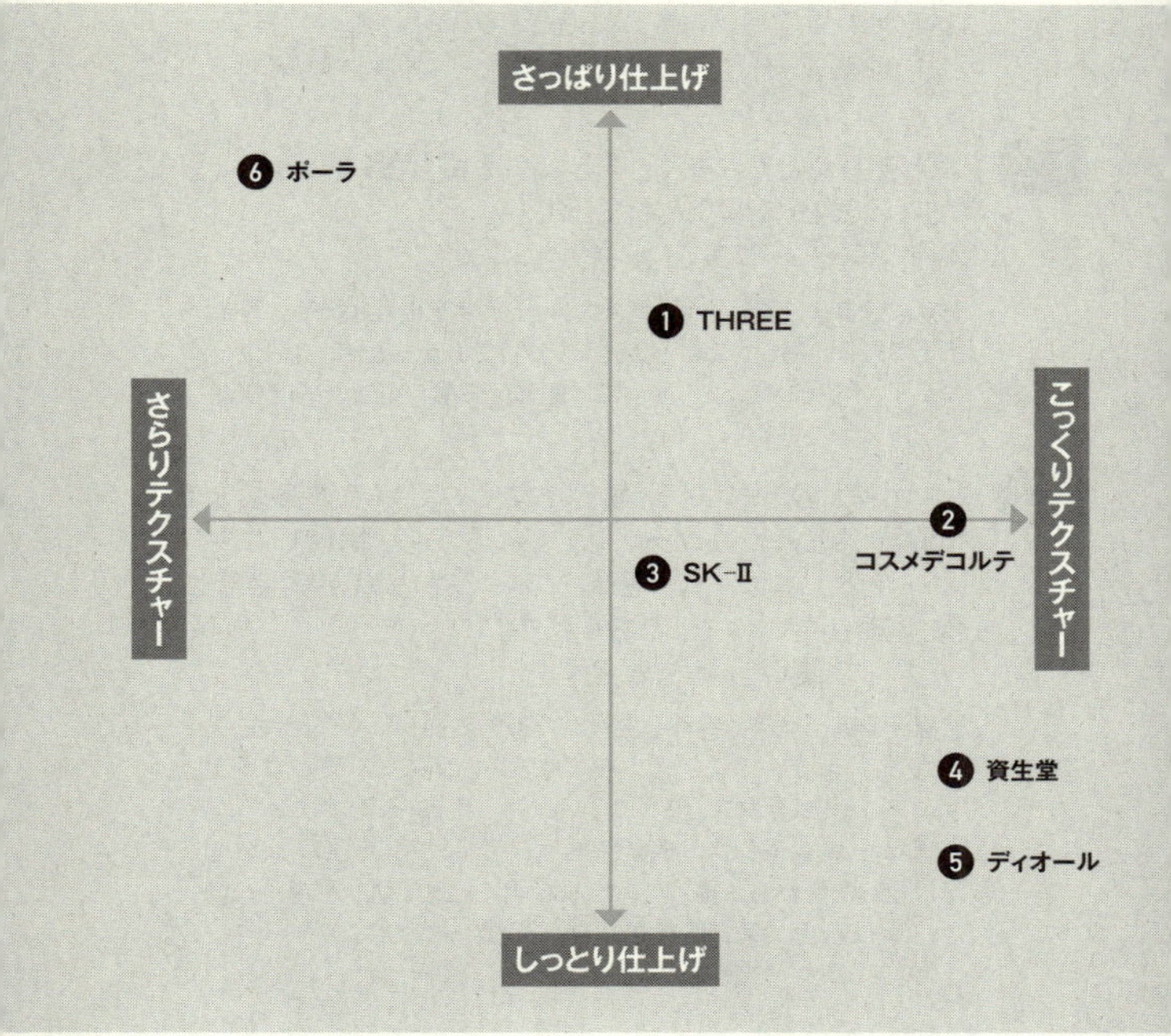
さっぱり仕上げ
6 ポーラ
1 THREE
さらりテクスチャー
こっくりテクスチャー
2 コスメデコルテ
3 SK-Ⅱ
4 資生堂
5 ディオール
しっとり仕上げ

1 「サラっとしているのに、保湿感も感じられる。
ベタつき嫌いの人でも使いやすいので、
朝ケアにも多めに取り入れてみて」

天然由来成分95%。美白有効成分アルブチンと植物成分の絶妙な組み合わせで、キメの整った透明感あるなめらか肌へ。THREE バランシング ホワイト クリアエッセンス 30㎖ ¥10000

2 「浸透力がとても高く、うるおいも満足感が高い。
大人の美白に取り入れてほしい、
エイジング系の美白美容液」

有効成分コウジ酸EWがメラノサイトの働きを正常な状態へ導き、肌そのものの働きを上げるエイジングケア成分も配合。コスメデコルテ ホワイトロジスト MX［医薬部外品］40㎖ ¥15000

3 「スポットの1本は、密着感もすぐれていて膜を張って
太陽からしっかりガードしてくれるから、朝使いに。
オーラの1本は、奥へと入っていく浸透感が素晴らしい。
保湿感も高いので、こちらは夜に。
ダブルで使い分けたい2本！」

遺伝子研究と光学研究から生まれた最新美白シリーズ。美白有効成分D-メラノ™に加え、最新成分で、未来のシミにまでアプローチ。マックス ファクター SK-II ジェノプティクス スポット エッセンス［医薬部外品］30㎖ ¥10500　肌のどんよりした曇りを一掃して、均一な明るい透明肌へと導く。同 オーラ エッセンス［医薬部外品］30㎖ ¥16000

4 「保湿感が高く、しっとり肌を長時間キープしてくれる。浸透も早く、クリームにも近い美容液だから、朝晩、毎日しっかり使いたい」

抗メラノ機能体を筆頭とする美白有効成分を、シミの根源にくまなくデリバリーする3Dターゲティング処方を新搭載し、よりパワフルに進化した美白美容液。資生堂 HAKU メラノフォーカス3D［医薬部外品］45g ¥10000（編集部調べ）

5 「密着度がとても高く、しっかりじっくり浸透していく使い心地は、一年中使いたい。まさに大人向けの美白」

寒暖差の激しいスイスの白い花・エーデルワイスが持つ力をセラムにイン。透明感プラス肌色バランスも均一に整え、透明感あふれる肌へ。ディオール スノー ホワイトニング セラム［医薬部外品］50㎖ ¥17500

6 「美白ビギナーにも◎。全顔にしっかりとたくさん使いたい、万能テクスチャー。保湿感も満足度が高い」

肌が自ら白くなろうとするセルフクリア機能に着目して開発。有効成分ルシノールEXなどを肌へくまなく送り込み、白く輝く肌を目指す。サラリとした使いやすいテクスチャー。ポーラ ホワイトショットCX［医薬部外品］25㎖ ¥15000

Part 3

美容液

ESSENCE

「無人島にひとつだけ化粧品を持っていくなら、迷わず美容液！」と、佐伯さんも一目置く存在。美容液は悩み多き大人の肌を救う〝美の妙薬〟だ。狙った場所にまっすぐ届いて、潜在する美肌力を引き出してくれる優秀なアイテムたちを紹介。50～60代ならクリームが大切です。

Chizu rule 1

年齢を重ねた肌には頼れる美容液が絶対に必要

美容液は肌の栄養剤。コース料理でいえばメインディッシュに当たるものだと私は考えています。化粧水をバーッと顔にのせてクリームを塗るだけでは、食前酒の後にすぐデザートに入るようなもの。これでは満足感が得られません。20代までの肌トラブルは主に肌表面で起きていますが、シワ、たるみといったエイジングトラブルはもっと深部、ベッドでいえばスプリングにあたる部分にガタがきているケースがほとんど。だから肌深くまで潜って土台から強化する美容液は、言ってみれば大人のスキンケアの要。信頼できるものを常備したいものです。

2

Chizu rule

うるおい？ 弾力？ ターゲットが定まれば肌の立て直しは簡単

それなりに値段が張るものだけに、美容液選びには慎重になる人も多いのでは？ そこで簡単な選び方をご紹介します。まず、自分の肌と真摯に向き合うこと。そして美肌の5原則「うなはたけ」（うるおい、なめらかさ、ハリ、弾力、血色）のうち、何が自分の肌に不足しているのかを見極めましょう。鏡と向き合い、自分の肌に触れてチェックしてみてください。ターゲットが定まったら、足りないものを補う美容液をとことん試していく。肌悩みが複数ある場合は、一番気になるものからひとつずつ。ひとつ解決する頃には、他の悩みも解消しているものです。

3

Chizu rule

長く肌にとどまる浸透系。これが理想のテクスチャーと心得よ

肌にのせたそばから蒸発してしまうものや、表面に厚い油膜を張って、なかなか肌の中に入らないものなどは、私は積極的には使いません。なぜなら、美容液は肌のすみずみまで浸透し、必要な箇所に確実に働きかけてくれなければ意味がないからです。その点では、エマルジョンと呼ばれる、とろんとしてキメの細かいタイプがベスト。肌どまりのいいクリームタイプの美容液の場合は、本来、乳液やクリームが担う〝フタ〟の役目を兼ねてくれることも。肌にとってメインディッシュである美容液を中心軸に、肌状態に応じて前後のケアを調整してみましょう。

4 Chizu rule

お気に入りのものの〝ばっかり使い〟ではキレイになれない

気に入った美容液だけを何年も使い続ける人がいますが、これはあまりおすすめしません。大好物も毎日は食べられないように、肌だって変化がないと疲弊してしまう。だから私は2～3種類の美容液を朝と夜、3日おきという具合に使い分けています。するとふっと呼吸が変わって肌がもうひとがんばりしてくれる。たとえば、朝は爽やかに肌に浸透して次の化粧品のなじみをよくするもの、夜は寝ている間にじんわりと効くしっとり系のもの、という具合に。また、肌というのは、朝は予防、夜は修復態勢に入るので、それを意識した美容液を選ぶのも賢明です。

5 Chizu rule

〝呼び水効果〟抜群のローションパックを美容液のプレケアに！

干上がった土に栄養剤を撒いてもなかなか浸透しませんが、土にたっぷりと水分を含ませてから与えると栄養剤はスムーズに吸収されます。肌も同じ。どんなに極上の美容液でも、乾ききった肌にはうまく入り込むことができないのです。ところが3分間のローションパックで表皮をゆるめてから美容液を塗れば、ローションが呼び水となってぐいぐいと美容液を引き込んでくれる。結果、極上の美容液を〝超極上美容液〟に格上げしてくれるのです。このとき、ローションと美容液のブランドを揃えてみるのも手です。さらに浸透力が高まりますよ。

［佐伯式チャート］

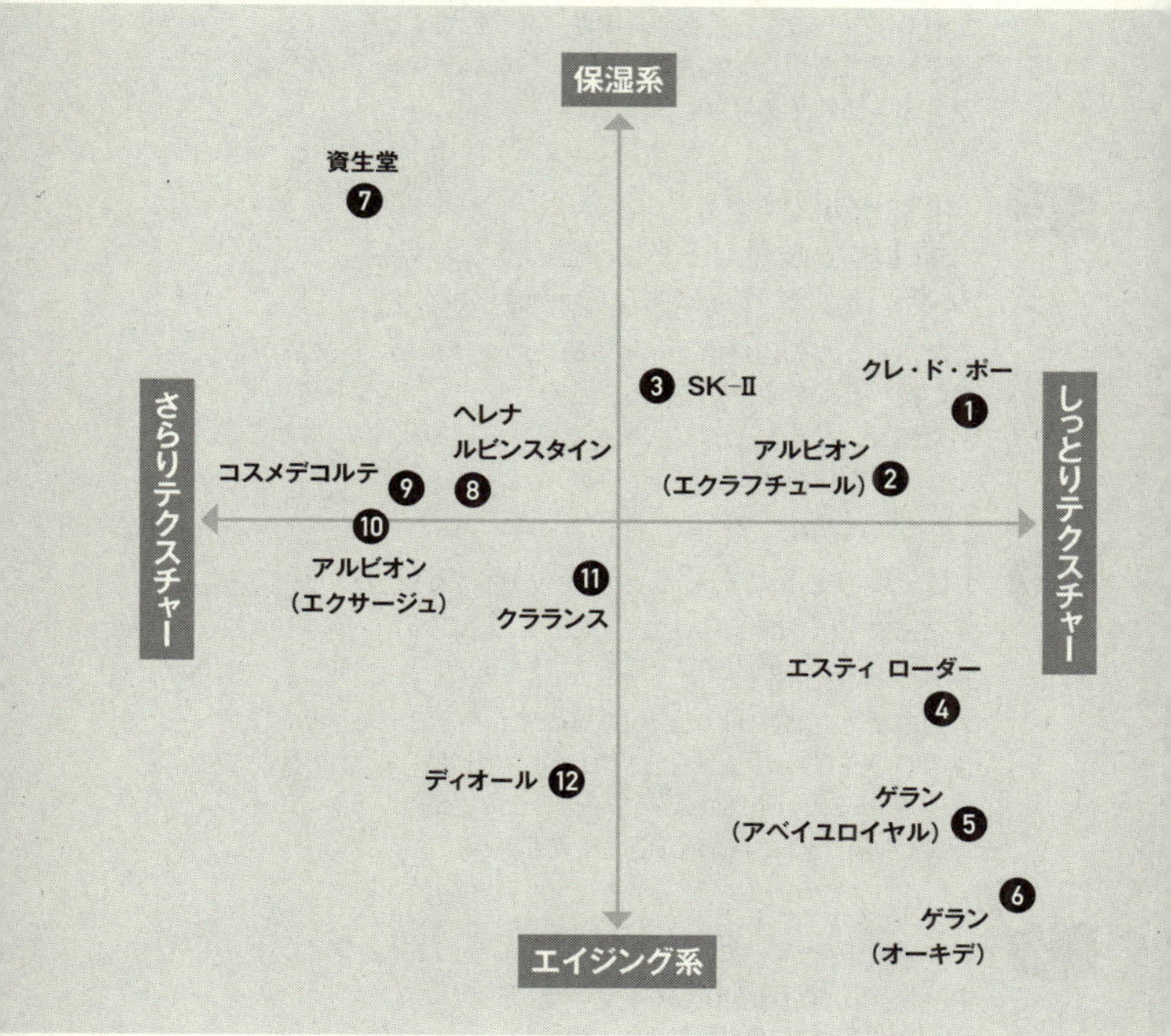
保湿系
エイジング系
さらりテクスチャー
しっとりテクスチャー
資生堂 7
3 SK-II
クレ・ド・ポー 1
ヘレナ
ルビンスタイン 8
コスメデコルテ 9
アルビオン
（エクラフチュール） 2
10
アルビオン
（エクサージュ）
11
クラランス
エスティ ローダー 4
ディオール 12
ゲラン
（アベイユロイヤル） 5
6
ゲラン
（オーキデ）

1

「リッチで贅沢なテクスチャーで、
大人ほど満足度が高い。
肌に入っていくスピードも申し分なし」

肌の根本細胞に働きかけ、肌本来が持つ力を発揮できる環境へと導く、ブースター美容液。奥から光を放つようなツヤとうるおいに満ちた肌へ。資生堂 クレ・ド・ポー ボーテ ル・セラム［医薬部外品］40㎖ ¥25000

2

「化粧水がなくても、
これ1本で満足しそうなほどのうるおい感。
なのに後肌はさっぱりなのが嬉しい」

医薬品レベルの浸透効果を持つ最新のデリバリーシステムで、肌の奥へと有効成分を届ける。細胞コンディションを日々ベストに整え、つるんと輝く肌をもたらす。アルビオン エクラフチュール 40㎖ ¥10000

3

「しっかりとなじませるとサラリ感ある仕上がりに。
美容液初心者なら、
この1本から始めてみても」

毛穴の開きに働きかける。肌を奥の奥からふっくらさせて全方位のハリを作り出し、凹凸のないツヤめく肌へ。マックス ファクター SK-Ⅱ R.N.A.パワー ラディカル ニュー エイジ エッセンス 30㎖ ¥12500（編集部調べ）

4

「コクがあって、肌になめらかにぴったりとフィット。
素早い効果も感じられ、
美容液の力に驚かされる1本」

加齢や紫外線ダメージで乱れた肌内時計を調整する。さらに肌の夜間の修復力をアップし、日中のバリア機能も高める働きが。エスティ ローダー アドバンス ナイト リペア SR コンプレックス Ⅱ 30㎖ ¥9500

5 「オイル感もあるけれどベタつかず、
軽い使い心地で使いやすい。
でも肌の奥がみっちりする満足感も高い」

肌そのものが持つ創傷治癒メカニズムにアプローチする蜂由来成分を、マイクロビーズ状にして高濃度に配合。なめらかでハリのある肌に。ゲラン アベイユ ロイヤル マイクロ アクティヴ セロム 30㎖ ¥16500

6 「エイジングケア美容液の女王。
浸透力も高く、付け心地もなめらか。
翌朝のふっくら感を味わえる」

蘭の持つパワーに着目した最高峰のエイジングラインの美容液。細胞エネルギーを活性化させる成分を配合し、みっちりとした弾力のある肌へ。ゲラン オーキデ アンペリアル ザ コンセントレート セロム 30㎖ ¥61900

7 「保湿感はしっかりとあるのに、
ベタつかない日本人好みの使い心地。
年齢に関係なく使える1本」

肌が持つ免疫機能に着目して開発された独自成分配合で、紫外線や乾燥などのダメージに負けない強い肌作りを目指す。資生堂 アルティミューン パワライジング コンセントレート 30㎖ ¥8000

8 「軽い仕上がりがとても使いやすい。
サラリと仕上げたい、美容液デビューの人にも。
朝もたっぷり使ってほしい」

美白、抗炎症など、あらゆる効能を持つビタミンCが、肌内部でいつまでも働き続けられるよう処方された美容液。ゆるみ、毛穴、くすみのないエイジレス肌へ。ヘレナ ルビンスタイン フォース C. 3 50㎖ ¥22000

9 「肌の奥へ奥へと浸透して、
芯からうるおしてくれる実感が高い。
さすがロングセラーの1本」

リポソーム技術を取り入れた美容液。角層深くまで成分を送り込みつつ、外側の膜からじわじわと成分が放出するので、長時間効果が続く。洗顔後すぐ使用。コスメデコルテ 化粧液（モイスチュアリポソーム）40㎖ ¥10000

10 「肌にピタリとなじむ密着度の高さは◎。
さらりとしてベタつかず、
肌の奥まで浸透した実感を得られる」

冬虫夏草を始め、ローヤルゼリーなど〝滋養強壮〟成分を厳選して配合した1本。使い続けることで不調に負けない健康的な肌へと導く。しっとりしっかりうるおい、速攻ケアも。アルビオン エクサージュ バイタル ジェネレート 40㎖ ¥5000

11 「肌悩みが多い人に。
美容液あれもこれも気になる人に。
これ1本で、肌のバランスが整うような満足度」

肌本来が持つ水分70%、油分30%のバランスでつくられた二相式のクラランスの代表ともいえる美容液。20種の植物成分の力で、肌の水分や油分のバランスを理想的なレベルへ導く。クラランス ダブル セーラム 30㎖ ¥11000

12 「美容液の草分け的存在の名品。ザ・美容液！
のびがよく、使いやすい。
浸透感も高く、奥へ届いていく感触」

内側から満たされたふっくらとしたハリ肌へと導くエイジングケア美容液。肌のあらゆる層の細胞をシンクロさせることで、肌が自然と最適な状態に整う。ディオール カプチュール トータル セラム 30㎖ ¥16000

Part 4

クリーム

CREAM

肌に〝フタ〟をするだけじゃない。いまや驚きのパワーで乾燥やくすみ、そしてたるみさえも払拭してくれるクリーム。「ベタつくから」と毛嫌いしている場合ではないのだ。思わず唸ってしまうほどの大人が使いたくなるクリームと、知られざる使い方を紹介！

1

Chizu rule

肌のボリュームアップには断然クリーム！単なるフタと侮るなかれ

化粧水や美容液のあとにつけるクリームは、それらの成分を閉じ込める〝フタ〟の役割をしますが、働きはそれだけではありません。クリーム自体にも保湿やハリ・弾力などを叶えるさまざまな栄養分が含まれていて、フタの役目をしながら一方では肌を内から膨らませてボリューム感をもたせます。小ジワや乾燥などの表皮トラブルに加え、ハリ・弾力といった深い悩みが浮上しはじめる30代になったら、クリームの恩恵を受けない手はないのです。成分や精製の仕方、香り、容器まで、メーカーの技術が結集されるのもクリーム。名品探しも楽しいものです。

2

さっぱりケアはもう卒業。30代からのクリーム選びは〝練り〟と〝コク〟が命

Chizu rule

高温多湿という気候のせいもあり、日本の女性はさっぱりとしたスキンケアを好む傾向にあります。でも30代になったら、それでは肌が納得しません。味覚だって若い頃とは違うはず。ただ「あれが食べたい」ではなく、「あぁ、おいしかった」と染み入るような味わいが欲しくなるでしょう？　だから30代以降の世代の方には、すぐに蒸発したり肌表面で上滑りすることのない、練りのしっかりしたコクのあるクリームを選んでほしい。手にとったときに「ちょっと硬いかな」「ねとつくかな」と感じるぐらいでOK。やがて体温でとけて肌にフィットします。

3

肌がヌルヌルするのは、〝入れ込み〟が足りないから。3分かけてなじませて

Chizu rule

「あのベタつきがダメ」「オイリー肌だから」とクリームを省く人がいますが、それはとてももったいないこと。そんな人たちにはこう申し上げたい。「3分間待ちなさい」と。〝練り〟や〝コク〟があるからこそ、肌に長くとどまるクリーム。ですがその分、入れ込むのにも時間と手間をかけなければなりません。真珠大のクリームを手のひらで温めてから、顔の下から上へと塗り込んでいく。3分ほどでベタつきが消えてクリームと肌が一体化するのを感じるはずです。最後に手のひらで顔を包み込めば、ピンと整った肌に。そう、問題は塗り方にあったのです。

Chizu rule 4

ふっと手が軽くなったら浸透のサイン。クリームの〝呼び水効果〟を実感しよう

では「クリームが肌にきちんとなじむとどうなるの?」。これにはちょっとしたサインがあります。クリームを顔に塗っていると、ふっと手が軽くなる瞬間があります。これが浸透の合図。このとき肌では何が起きているかというと、まずクリームの水分が染み込んで肌の中の水分を表面に呼び出し、続いてクリームの油(脂)分が浸透。すると、肌表面では自らの水分とクリームが薄膜を作り、奥深くでは肌の線維が水分と脂分をたっぷりと蓄えて、スポンジのように膨らんでいる状態に。だから表皮が持ち上がってくる。結果、感触が軽くなり肌はもっちりするのです。

Chizu rule 5

クリームの真価を知るなら美容液をスキップした〝じかづけ〟もアリ!

数あるクリームの中には、美容液のように粒子が細かく、肌の奥底まで届くものがあります。その場合、ともすると先につけた美容液がクリームの浸透を邪魔してしまうことにも。そんなときはローションで肌を整えたあと、美容液なしで直接クリームを塗ってみて。初めて使うクリームの実力を知りたいときも、美容液に重ねるより、素に近い肌に〝じかづけ〟したほうが正確な情報が読み取れると思います。こうして試して自分の肌を観察してみましょう。美容液なしでもOKなのか、それともクリームと美容液の両方を使うのか。チョイスは無限にあります。

［佐伯式チャート］

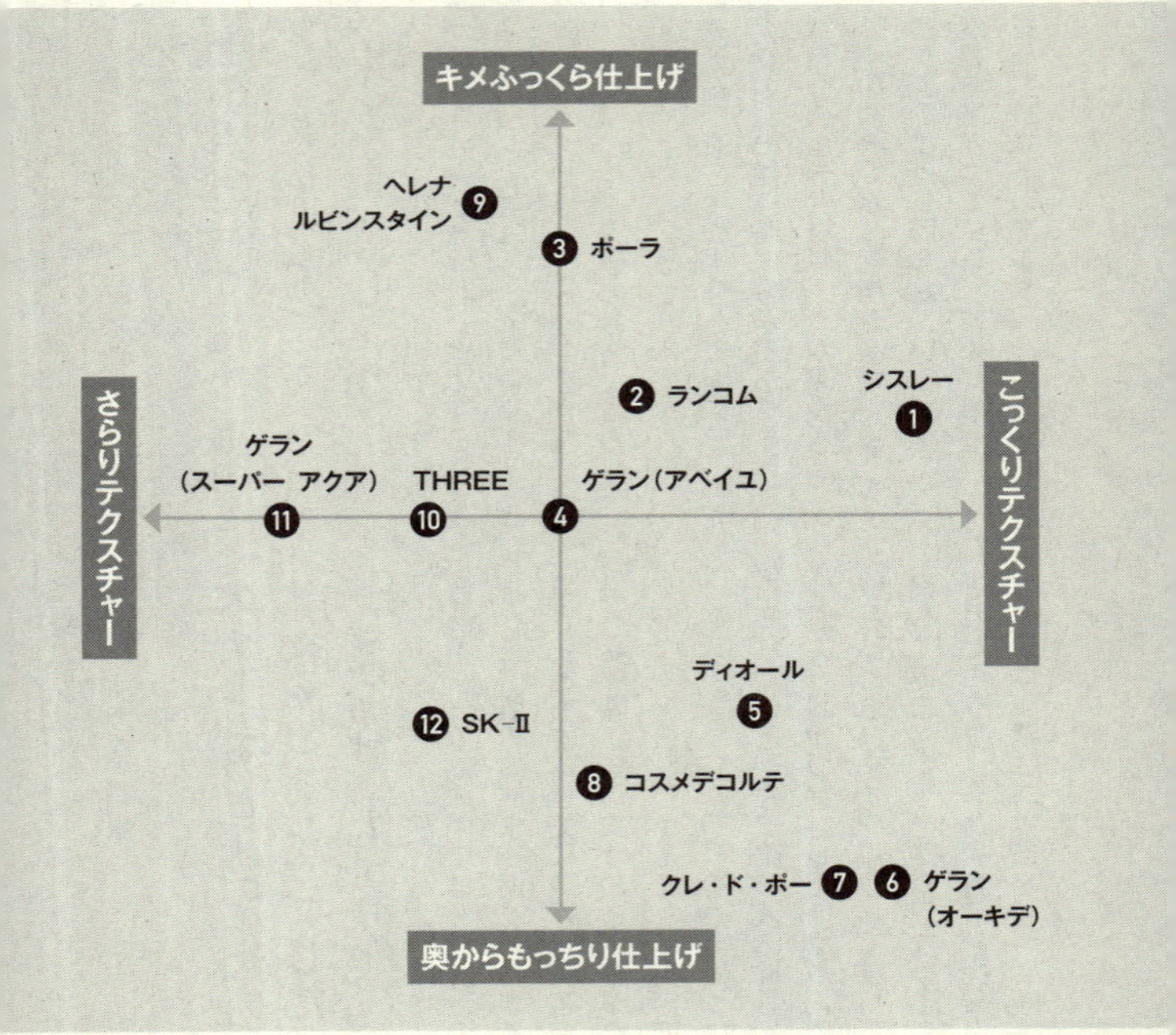

キメふっくら仕上げ
奥からもっちり仕上げ
さらりテクスチャー
こっくりテクスチャー
❶ シスレー
❷ ランコム
❸ ポーラ
❹ ゲラン（アベイユ）
❺ ディオール
❻ ゲラン（オーキデ）
❼ クレ・ド・ポー
❽ コスメデコルテ
❾ ヘレナ ルビンスタイン
❿ THREE
⓫ ゲラン（スーパー アクア）
⓬ SK-Ⅱ

1 「とにかく乾燥をなんとかしたいけど、
ベタつくのは嫌という人に。
キメを整え、なめらかなうるおい肌に」

敏感な肌にも使える逸品。アルニカエキスなどの植物成分をしっかりと配合し、赤みやかゆみなど乾燥が招くトラブルから守る。シスレー コンフォール エクストレーム 50㎖ ¥19500

2 「丁寧になじませて使いたい。
使い方ひとつで肌悩みを変えてくれる期待感も。
朝にも使いやすいテクスチャー」

肌の幹細胞環境に働きかけ、肌本来の持つ再生能力を高めるランコムの最高峰ライン。うるおいはもちろん、ハリ・弾力に満ちた若々しい肌へ。ランコム アプソリュ プレシャスセル ナイト トリートメント 50g ¥34000

3 「テクいらずで効果が欲しい人にオススメ。
クリームが苦手な人にも効果を感じられる、
使い続けられる使用感が◎」

大人になると減少する肌細胞を生み出す際に必要な物質バーシカンに着目して開発。ゴールデンLPやBAコアリキッドなどの独自成分を配合し、みっちりと芯のあるハリに満ちた肌へ。ポーラ B.A クリーム 30g ¥32000

4 「水分、油分のバランスがいい。
ベタつきがなく、使いやすくて、
自分が求めている効果を感じられる、クリーム」

肌が持つ自己創傷治癒効果に着目。ゲランオリジナルの蜂由来成分が肌の再生能力に働きかける。さらにロイヤルゼリーも高濃度配合し、キメの整ったふっくらなめらか肌に。ゲラン アベイユ ロイヤル ナイトクリーム 50㎖ ¥20300

5 「首にもぜひ使用したいテクスチャー。
こっくり感、肌への密着感、浸透感、皮膜感、
みっちりとした仕上がり、すべてがいい」

肌の若さと美しさを立体的にとらえ、肌の奥にも表面にもトータルに働きかけることで、顔立ちまでも整えるという新しい発想のクリーム。ハリと弾力に満ちた肌へ。ディオール カプチュール トータル コンセントレート クリーム 60㎖ ¥19000

6 「しっかりとしたコクがあるのに、浸透感も高い。
これぞクリームの王道中の王道。
若い人にもぜひ使ってほしい」

蘭の花の持つ驚異的な力をクリームに取り込み、肌細胞へくまなくアプローチ。肌細胞に活力を与え、密度のあるしなやかで輝く肌へと導く、ゲラン最高峰の逸品。ゲラン オーキデ アンペリアル ザ クリーム 50㎖ ¥54600

7 「テクスチャーも使用感も仕上がりも、
これまでにはない期待感。
大人こそ使い込みたい濃厚クリーム」

肌サイクル、肌の衰えなどエイジング要素を徹底研究して誕生。プラチナムゴールデンシルクなどの独自成分が肌の隅々へ行き渡り、肌内部から艶めくしなやかなハリ肌へ。資生堂 クレ・ド・ポー ボーテ ラ・クレーム n［医薬部外品］30g ¥60000

8 「とてもクリーミィで心地いい。
肌なじみのいいなめらかなテクスチャーで、
キメが整うのを実感しながら使ってほしい」

ダブルペプチドやアルギン酸などの成分が、肌がふっくらと若々しくあるためのメカニズムにアプローチし、肌の生まれ変わりをサポート。キュッと整った正装肌に。コスメデコルテ AQ MW クリーム エクセレント 50g ¥30000

9 「クリームが苦手な人に。これがクリーム？　と思うほど爽やかさを感じながら使い続けられる。首やデコルテまでぜひ使ってほしい」

２種類の植物の始原細胞を配合し、どんな環境でも肌そのものが理想のコンディションを保つよう働きかける。キメの整ったなめらかな肌へと導き、ゆらがない肌に。ヘレナ ルビンスタイン P.C. クリーム 43g ¥19000

10 「進化した最先端のテクスチャーという感じ。肌なじみがよく、どんな肌にもOK。これで保湿ケアが終わる、と満足」

ローズ水にフランキンセンス油やローズ油など、植物エキスをたっぷりと配合。やわらかくなめらかな使い心地と香りに癒され、みずみずしくふっくらうるおう肌へ。THREE コンセントレート クリーム 28g ¥15000

11 「栄養分を与えつつ、さっぱり仕上がる。でも、やわらかいテクスチャーで保湿の満足度は高い。30代など水分ケアを重視したい人」

肌内部の水分を浄化し、質を上げるよう働きかけるとともに、バリア機能の強化、水分保持機能を高めるなど、あらゆる角度から肌の潤い能力をアップ。乾燥知らずへと育てるクリーム。ゲラン スーパー アクア ナイトクリーム 50㎖ ¥18800

12 「クリームデビューの人におすすめ。乳液とクリームの間のような使い心地で、みっちり感も感じられるので、たっぷり使いたい」

ゆるみのない密度のある肌へ。360°縦横無尽なハリを育むための成分をあますことなく配合。さまざまなエイジングサインに立ち向かう。マックス ファクター SK-Ⅱ R.N.A.パワー ラディカル ニュー エイジ 50g ¥11500（編集部調べ）

Part 5

アイケア

EYE CARE

「目は口ほどにものを言う」というけれど、目元ほど年齢や健康状態、そして心のありようまでをストレートに語る部分はないだろう。なのに残念ながら、アイケアをしない人が多い。「なぜアイケアに手を抜くの?」と佐伯さんが〝続けたくなる〟至極のアイケアを紹介!

1

Chizu rule

30代になったら、目元が命! 迷うまでもなく、すべての人が毎日アイケアをするべき

「魚は目を見て買え」というように、目元は生き物の鮮度を表す部分。白目が澄んでいて目元にハリがあれば若く見えますが、目のまわりにシワやたるみがあると、それだけで5歳は年上に見えてしまいます。そもそも目元の皮膚は薄くて汗腺が少ないため乾きやすい。さらに一日2万回ものまばたきやアイメイクで酷使されているので、放っておけば傷むのは当然です。目元のトラブルを気にしているわりにはアイケアを省く人が多いのですが、30歳を過ぎたらすべての人に毎日アイケアをしてほしい。手をかけた分だけ、きちんと結果が表れるのもアイケアです。

2 Chizu rule

長くつきあう目元用コスメ。だから効き目よりもまず相性。香りや色もチェックして！

アイケアでもっとも大切なのは、続けること。多くの女性がアイクリームなどの使用を途中でやめてしまうのは、おそらく思うような手ごたえが得られないから。でもその原因は〝続けていない〟からなのです。目元用コスメを選ぶときには、謳われる効き目よりも〝相性〟を見極めて。デリケートな目元につけるものですから、テクスチャーや香り、色にいたるまで、感度を研ぎ澄まして吟味しましょう。瞬間的に眉をひそめるような香りや色では、肌がこわばり、吸収を妨げてしまいます。たとえ効果があるものでも、長く使い続けられなければ、意味はないのです。

3 Chizu rule

朝と夜では肌のニーズが違うから、アイケアは〝2本使い〟がベター

ひとくちに目元用コスメといっても、タイプはさまざま。チョイスに迷っている人におすすめしたいのは、朝は美容液タイプ、夜はクリームタイプという使い方。慌ただしい朝はぐんぐん肌に入ってうるおいをチャージし、メイクの邪魔をしない美容液タイプが使いやすい。一方、夜はたっぷりと時間をかけてクリームを入れ込んで。クリームが肌の表面に膜を作り、睡眠中の目元をガードしながら化粧品の成分をじんわりと効かせてくれます。気に入ったアイテムがあれば、もちろん朝にクリームを使ってもいいし、無理に2種類を使う必要はありません。

Chizu rule 4

下まぶたと上まぶたの塗布量は9対1。これがアイケアのベストバランス

うるおいを与えようとするあまり、アイクリームをたっぷりと目のまわりに塗って、まぶたがぼってり腫れてしまった経験はありませんか？　目元の皮膚は乾燥しやすい半面、吸い取り紙のように、水分をどんどん取り込む性質をもっています。だから上まぶたに塗りすぎると、過剰な水分でむくんだり、水分の重みでまぶたが下がったり、目がしばしばすることも。目元用コスメの塗布量は、下まぶたが9割と心得て。詳しいお手入れ法は別の章で紹介しますが、皮膚がヨレないように下まぶたをやさしくケアした後、手に残った化粧品を上まぶたにポンポンとつける感じでOK。

Chizu rule 5

究極のアイケアはちゃんと〝取る〟こと。つけるケアはそれからです

年齢とともに目元にトラブルが出やすくなるのは確かですが、実は目のまわりのシワやくすみは、自ら招いていることも多いもの。その代表格が不完全なクレンジング。専用リムーバーを使わずに、アイメイクを顔全体の汚れと一緒にこすり落としていると、目元がヨレてシワになったり、肌に残ったメイクの色素がくすみを生んだりします。これでは、いくら目元用コスメをつけても意味がない。まずは丁寧なクレンジングを行うこと。目薬などで目の中まで洗浄すればパーフェクト。目元全体がまっさらな状態になって初めて、専用コスメをつける準備が整います。

［佐伯式チャート］

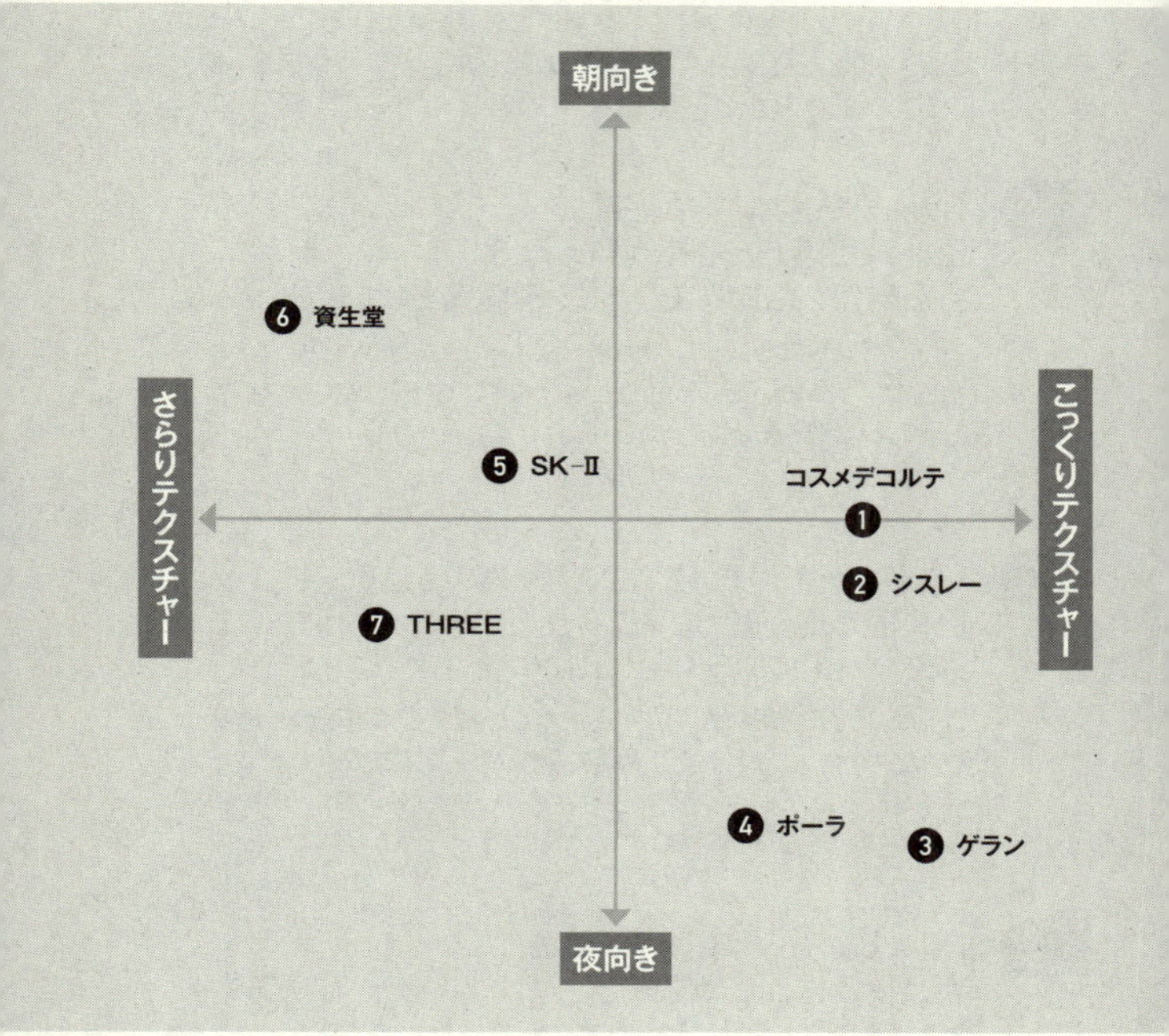
朝向き
夜向き
さらりテクスチャー
こっくりテクスチャー
❶ コスメデコルテ
❷ シスレー
❸ ゲラン
❹ ポーラ
❺ SK-Ⅱ
❻ 資生堂
❼ THREE

1 「少し多めの量を、プッシングしながら、
リンパを流しながらていねいに使いたくなる。
効果を感じられるしっかりクリーム」

目周りの細胞密度、澱みのない純度、細胞を守る感度を上げる、3次元的に働きかける。使用後は形状記憶のようにピンとしたハリをもたらす。コスメデコルテ AQ ミリオリティ インテンシブ アイクリーム 20g ¥30000

2 「リッチでコクのある感触で、
深い満足感と安心感が得られる。
目を酷使した日の夜などに、常備薬としてぜひ」

コラーゲンやエラスチンの働きをサポートし、奥から弾力をもたらす。うるおいをしっかりと与えつつ、ブライトアップして若々しい目元口元へ。シスレー シスレイヤ クレーム コントゥール デ ユー 15㎖ ¥19000

3 「やわらかすぎず、硬すぎず、浸透力もいい。
肌に溶け込むようになじみ、
ベタつかずにふっくら仕上げに」

目元や口元の繊細なエリアにふさわしい成分を厳選配合。過剰な油分もケアの敵と突き止め、絶妙なバランスでできあがった繊細なテクスチャー。ゲラン オーキデ アンペリアル ザ アイ&リップ 15㎖ ¥24200

4 「肌にピターっと密着するので、
朝に夜に忘れずに使いたい。
〝こっくり〟は苦手だけどアイケアしたい人に」

目周りの構造の劣化に立ち向かい、真皮コラーゲンや真皮と表皮の結合などゆるんだ目元にトータルに働きかけ、構造をしっかり支えて、目元の崩れを防ぐ。ポーラ B.A ザ アイクリーム 18g ¥20000

5 「アイクリームを使ったことがない40代にオススメ。浸透力、なめらかさ、使い心地のバランスが◎」

目の下、まぶた、目尻、全方向から老けて見える目元をケアし、くすみや乾燥、くぼみ、むくみなどを一掃すべくアプローチし、若々しく。マックス ファクター SK-Ⅱ ステムパワー アイ クリーム 15g ¥10400（編集部調べ）

6 「美容液タイプで、使い心地も仕上がりもサラリ。クリームタイプが苦手な人に。小ジワの乾燥などを防ぐために、朝使いたい」

肌本来の力を引き出す免疫美容という新しい発想の美容液から誕生したアイケア。あらゆる外的環境から肌を守り、なめらかな目元へ。資生堂 アルティミューン パワライジング アイ コンセントレート 15g ¥7000

7 「20～30代の若い人に、目元だけでも美容液にプラスして使ってほしい。クリームのリッチさ、やわらかさを感じられる」

眼輪筋と咀嚼筋に働きかけ、広い範囲でゆるんだ目元をケア。マッサージしながらなじませることで目元の緊張をゆるめ、引き締まった目元へと導く。THREE バランシング トリートメント アイクリーム 18g ¥8000

Part 6

サンプロテクト

SUN PROTECT

今や、紫外線対策なくして、美肌づくりを語ることはできない。それだけに、数え切れないほどのＵＶケア製品が誕生しているけれど、何をどうチョイスすればいいか迷っている人も多いはず。テクスチャーの読み方や使い方まで、その極意をまるごと解説！　上手なＵＶの使い方で、「日焼けしない」をモットーに美肌を手に入れて。

1

Chizu rule

大人の肌は焼けやすい。だから紫外線対策と保湿はセットで！

現在の私の肌があるのは、10代の頃から徹底的にお日様を避けてきたから。それほど紫外線が肌に与える影響は大きいのです。生魚に比べて干物の魚があっという間に焼けるように、パサつきがちな大人の肌は、とくに日に焼けやすい。だから30歳をすぎたらぜひ、サンプロテクトを保湿とセットで考えていただきたい。枯れ肌にクリームは入りません。日々のスキンケアによる〝うるおいチャージ〟があってこそ、サンプロテクトも生きてくる。ここをきっちりと押さえて、正しい紫外線対策をコツコツと続ければ、肌はいつまでも輝いてくれます。

2 Chizu rule
何を使ってもダメな肌の弱い人が選ぶべきサンプロテクトとは？

サンプロテクトには大きく分けて、「紫外線吸収剤入り」と「紫外線散乱剤入り」があります。紫外線吸収剤は肌の上で紫外線を受け止め、化学反応で熱エネルギーに変換させるもの。紫外線散乱剤は紫外線を肌表面で物理的に反射させます。サンプロテクトを塗ると肌が負けやすい人は、肌負担が少ないとされる紫外線散乱剤入りのものがおすすめ。「紫外線吸収剤フリー」などと記されていますが、分からなければ化粧品カウンターで質問を。また、SPF値が高いと肌に多大な負担を与えることもあるので、SPF20程度のサンプロテクトをこまめに塗り直して。

3 Chizu rule
とにかく塗る量は多めに。ダイナミックに手に取りぐいぐい入れ込んで！

サンプロテクトを使ううえで、多くの人が誤解しているのが量。とにかく少ないのです。私の場合、小指の第一関節くらいの量の日焼け止めに色つきの下地クリームか、乳液を混ぜます。肌色を補整したいときはテラコッタ色のファンデーションを少し加えてミックス。これを顔から耳、首まで3～4分かけて塗り込んだ後、手のひらでプレスして肌と一体化させます。表面にささっとつけるだけでは、時間とともにキメの凹んだ部分に皮脂が溜まってサンプロテクトが上滑りしたり、白浮きの原因にも。「たっぷりの量をぐいぐい」、これが使い方のポイントです。

Chizu rule 4

大に小を兼ねさせない。普段使いならSPF20で十分な理由

肌表面を黒くする、UVBによる日焼けをどれだけ遅らせることができるか。これを示すのがサンプロテクトなどに明記されているSPF数値です。SPF1=約20分とされていて、SPF20なら約7時間の日焼け止め効果が期待できる計算に。普段使いならこれで十分。屋外で長時間過ごすときにはSPF値の高いものを使いましょう。SPFの数値と肌負担は比例することもあるので、「とりあえずSPF50」ではなく、数種類を使い分けて。また、PA表示は、真皮にまで入り込んでシワの原因となる、UVAの防止効果を示し、+の数が多いほど防御効果が高くなります。

Chizu rule 5

色も感触も思いのまま。サンプロテクトはカスタマイズして使うべし

体にピタリと合う既製服を探すのが難しいように、市販の化粧品が万人の肌に合うとは限りません。だから私はよく、化粧品を自分仕様に〝カスタマイズ〟します。サンプロテクトの場合、乳液を混ぜれば肌あたりがマイルドになり、リキッドファンデーションを足せば色補整もできる。2タイプの化粧下地をミックスしてもいいのです。その日の肌状態や環境に合わせ、自由に調合ができるサンプロテクト。私は気に入ったサンプロテクトを容器に入れて持ち歩くようにしています。毎日のケアだから気持ちよく続けたい。そのためのひと工夫です。

[佐伯式チャート]

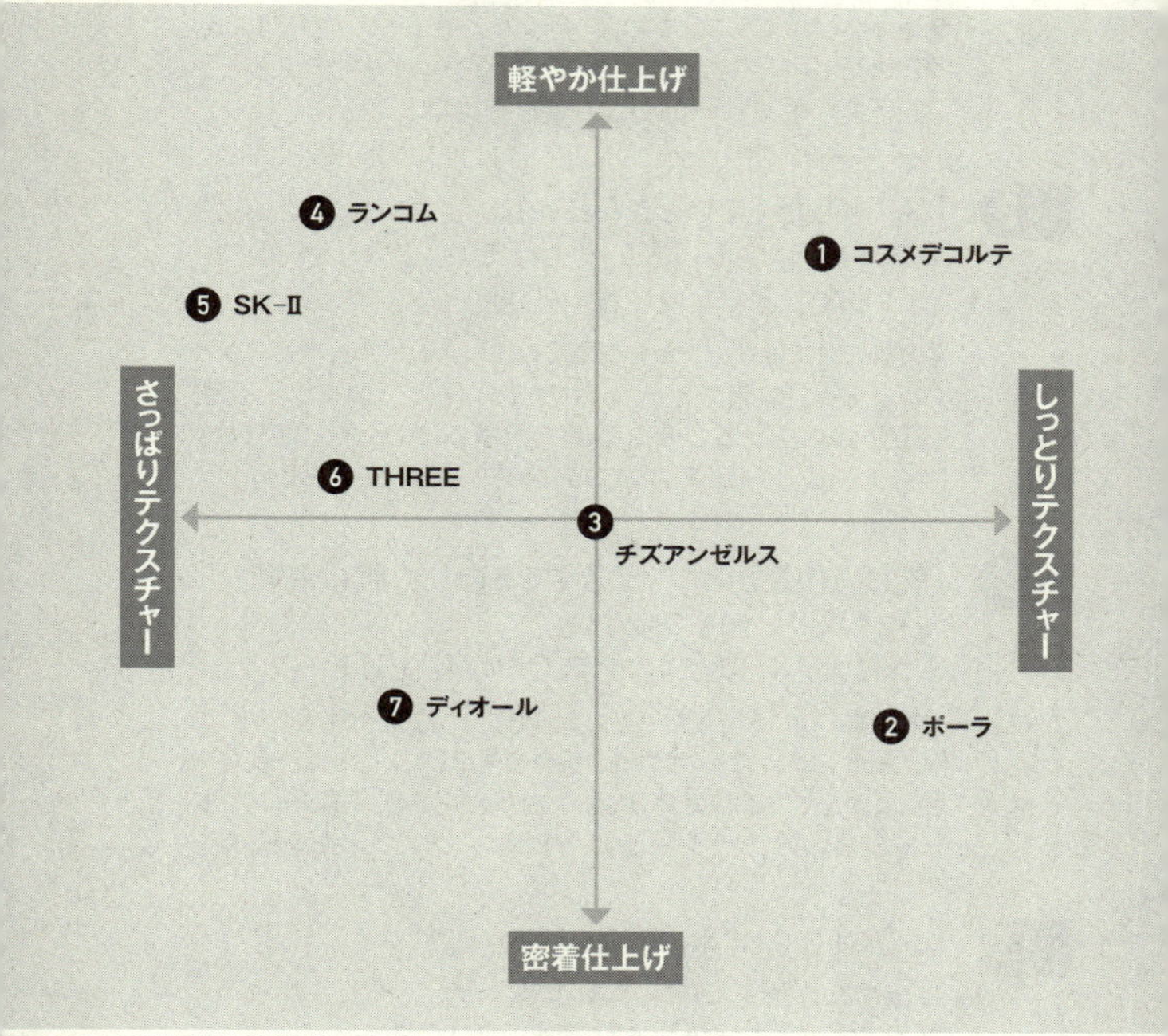
軽やか仕上げ
❹ ランコム
❶ コスメデコルテ
❺ SK-Ⅱ
さっぱりテクスチャー
しっとりテクスチャー
❻ THREE
❸ チズアンセルス
❼ ディオール
❷ ポーラ
密着仕上げ

1 「肌にピターッと密着するので、
崩れない仕上がりに。
しっかり肌になじませると、どんなときにも安心」

紫外線吸収剤フリーで肌への負担が少なく、さらにビタミンE誘導体などの美容成分も配合、様々な外的ストレスから肌を守る。SPF40・PA++。コスメデコルテ AQ MW エクストラプロテクション［医薬部外品］60g ¥8000

2 「メイクしたくないときなどにも。
コクがあって、みっちり仕上げで、
一日心配しなくていい使い心地」

紫外線だけではなく、シワやたるみを引き起こす近赤外線からも肌を守るプロテクター。日中の肌ダメージ「真皮水分不足」を予防し、ハリ感も叶える大人仕様のUVケア。SPF50・PA++++。ポーラ B.A プロテクター 45g ¥11000

3 「肌に負担をかけず、するするとのびて肌に密着。
お粉もファンデもいらない、
まさに大人に似合う、上質なツヤ仕上げ」

植物由来のエキスを配合した、乳液状の1本。紫外線吸収剤、エタノール、パラベン、鉱物油、香料を使用していないので肌にやさしく、汗や皮脂にも負けない。SPF30・PA+++。チズアンゼルス UVプロテクター 50g ¥5000／チズコーポレーション

4 「軽い仕上がりがいいけど、
しっかりガードしたい人にピッタリ。
プラス粉だけでキレイな美肌がつくれる」

紫外線が表皮幹細胞に及ぼすダメージまで防御。ランコムが誇るUV成分メギゾリルSX&XLとともに、プロキシレンなどエイジングケア成分もたっぷり配合。SPF50・PA++++。ランコム アブソリュ プレシャスセル UV 30㎖ ¥12000

5 「のびがよく、密着度も高く、使いやすい。
朝だけではなく、
お化粧直しにも活躍できるテクスチャーも◎」

守るだけじゃない、攻めるUVケア。独自成分オーラブライトカクテルがUVから肌を守りつつも、透明感あるツヤ美肌へと導く。SPF30・PA+++。マックス ファクター SK-Ⅱ セルミネーション デイサージ UV 50g ¥9500（編集部調べ）

6 「のびがよくて、しっかりベースメイクしたい人に。
密着度が高いので、
ファンデがキレイにつくのもオススメ」

天然由来率89%、紫外線吸収剤フリー。ティートリー油で紫外線ダメージを防ぎ、さらにフランキンセンス油などでやわらかな肌をキープ。SPF30・PA+++。THREE バランシング UV プロテクター 30㎖ ¥3800

7 「オールタイプの肌に、
オールシーズン使ってほしいUVケア。
さらりとした使用感と仕上がりのバランスがすごくいい」

紫外線の外的要因から肌を守りつつ、大気汚染物質など肌に不要な物質が付着・浸透してしまうこともしっかり保護し、使うほどに透明肌へ。SPF50・PA++++。ディオール ワン エッセンシャル シティ ディフェンス 50 30㎖ ¥6500

Part 7

クレンジング

CLEANSING

「どうしてオイルクレンジングじゃダメなの?」「クレンジングで肌に違いって出るの?」佐伯さんへの質問はクレジンング関係がもっとも多いのだという。本当に数多くあるクレンジングをいろいろと試してみたところ、やっぱり「クレンジングで肌は変わる!」が結論。佐伯式クレンジングの極意をぜひお試しあれ。

1

スキンケアの主役! クレンジングの役割とは?

Chizu rule

美容液やクリームを見る目はシビアなのに、クレンジング選びは「なんとなく」という人は多い。これがまず、大きな間違い。クレンジングの役目は、呼吸・排泄・吸収・体温調節・知覚という、〝皮膚の5作用〟を円滑にすること。余分なものが表面についていたら、肌は十分に機能できず、呼吸困難を起こしてくすんでしまうことに。一方、正しいクレンジングは肌を内側から輝かせ、美容液やクリームの浸透をスムーズにします。クレンジングこそがスキンケアの主役といってもいい。事実、クレンジングを替えたら「肌が劇的にキレイになった」という女性は後を絶ちません。

2 Chizu rule

大人の肌にはミルクかクリームで。その理由をお話しします

肌において手でなじませると、みるみる汚れが浮いてクレンジングに乗りうつる。これがミルクやクリームタイプのクレンジングの特徴です。その後、〝浮遊物〟をふき取ってぬるま湯で顔をすすげば、クレンジングは終了。ところがオイルやジエルタイプの場合、汚れは浮かずに製剤とともに肌に吸着されがちになります。当然、顔がベタつくから、そのあと何度もゴシゴシと石鹼などで顔を洗うことに。これがとにかく肌を老けさせる！30歳をすぎたら〝いたわりながら〟取ることを強く意識しなければいけません。それを叶えるのが、ミルクタイプとクリームタイプなのです。

3 Chizu rule

優秀コスメはここが違う！クレンジングは〝浮き感〟で選ぶ

あまり難しく考えずに、まずはクレンジングののび、洗浄力、ふき取り後の清涼感などをチェックして。中でも最も肝心なのが〝浮遊力〟。クレンジングがメイクとまんべんなくなじみ、途中でふっと手の感触が軽くなれば、汚れがちゃんと浮いたサイン。メイクと思うように混ざらずマーブル状になったり、肌に製剤が吸いつくようならNG。そのうえで、敏感肌や乾燥肌の人は、しっとり洗い上げるクリームタイプ、オイリー肌やニキビ・毛穴が気になる人はミルクタイプを。もちろんクリーム、ミルクでもさらに個性があるので、そのときどきで違うものをチョイスしてみて。

4

Chizu rule

香りや感触が好きかどうか？これがクレンジング選びの最優先課題

よく耳にする「高かったから使いたいけど、どうしてもニオイがダメで……」という声。毎日のクレンジングは、気持ちよく続けることが大前提。香りや感触に「？」と思ったら、いくら人にすすめられても、縁がなかったとあきらめて。ニオイをかいで顔をしかめた瞬間、肌はこわばりクレンジングの効果は半減。それではもったいないでしょう？　とくに初めてトライするコスメは、必ず店頭で手に取り、香りやテクスチャーを入念にチェックすること。できればサンプルをもらって、実際に2～3日使ってみてください。

5

Chizu rule

肌状態は毎日違うから、クレンジングは数種類常備せよ

フランスのクレンジングに見られる「デマキャント」「ネトワヤント」といった単語。これは洗浄レベルを示すもので、デマキャントはソフト洗い、ネトワヤントはクリーニングに出したようにキチッと洗い上げる。この文化を日本女性にもぜひ見習ってほしい。取りすぎ、取り残し防止のために、クレンジングはメイクや肌状態によってこまめに切り替えるのが理想的。私の場合、春夏はミルク、秋口にクリーム、冬はさらに密度の高いクリームと、季節ごとにローテーションさせます。〝今の肌〟に合うクレンジングと出合えれば、スキンケアの半分は制したも同然。

［佐伯式チャート］

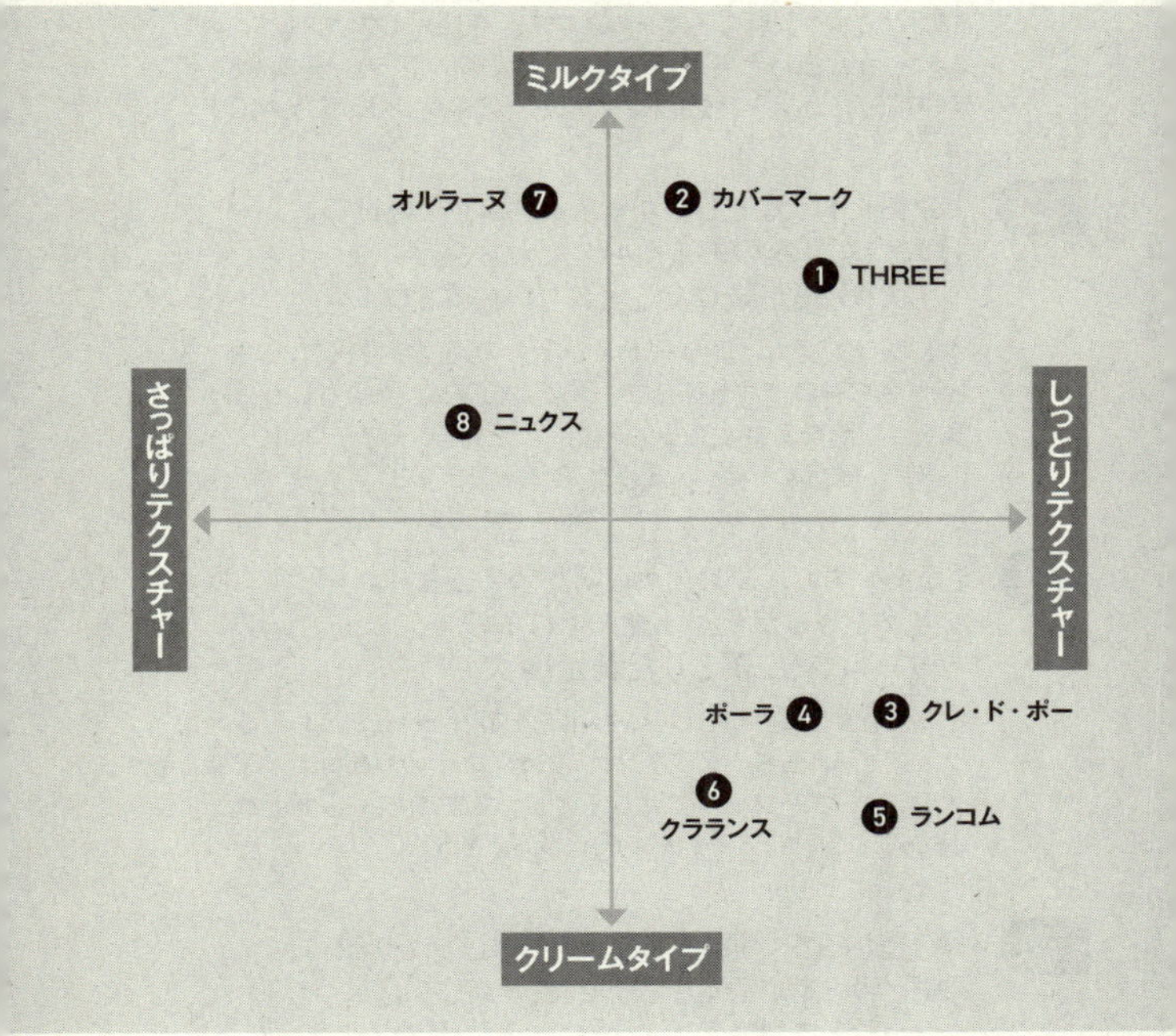
ミルクタイプ
オルラーヌ 7
2 カバーマーク
1 THREE
さっぱりテクスチャー
8 ニュクス
しっとりテクスチャー
ポーラ 4
3 クレ・ド・ポー
6 クラランス
5 ランコム
クリームタイプ

1 「ファンデをしっかり塗った日に。
厚みがあるミルクだから、
ぬるま湯でしっかりとなじませてから流すとよりいい」

美容効果も高いオイルとボタニカルウォーターでできたクレンジングミルク。肌に刺激を与えずすっきりメイクオフしつつ、しなやかな肌へと育てる、やわらかいテクスチャーの1本。THREE バランシング クレンジング ミルク 200㎖ ¥4400

2 「お粉だけ、などしっかりメイクじゃない日に。
ほんのり厚みのあるミルクだから、
シワや乾燥が気になる人にもいいタイプ」

クレンジング力とトリートメント力の両立を目指した1本。89%もの美容液成分配合で、メイクを落とした後もしっとり柔らかな肌を保つ人気のクレンジング。カバーマーク トリートメント クレンジング ミルク 200g ¥3000

3 「オイルクレンジングから切り替えるならコレ。
メイクをしっかり浮かせてくれるので、
クリームでも、落とした満足度大」

とろけるように肌になじみ、メイクをしっかりとからめとるテクスチャー。もちろんスキンケア成分もたっぷり配合で、美肌へのファーストステップとして最適。資生堂 クレ・ド・ポー ボーテ クレームデマキアントn 125g ¥6000

4 「乾燥しやすい肌や季節、メイクしっかり派に。
ゆっくりとやさしくなじませて、
ティッシュで拭き取った後にぬるま湯で流して」

スキンケアラインと同等のエイジングケア成分を配合した贅沢なクレンジング。しっかりとメイクになじみつつ、必要な潤いをしっかり守り、艶やかな洗い上がり。ポーラ B.A クレンジングクリーム 130g ¥10000

5

「まず量がたっぷり入っているのがとてもいい。
テクスチャーもやわらかくて使いやすく、
力を入れなくてもムラにならずにメイクオフできる」

100%オーガニックの「ガント ドゥ トワレ」を使って拭き取るシステム。弱った肌を再活性化しつつ、不要なものはしっかり落とす贅沢処方。ランコム アプソリュ ピュア クリーム クレンジング 200㎖ ¥9800

6

「さわやかなテクスチャーなのに、
落とした後の肌も守ってくれる使い心地。
王道のクレンジングクリーム」

メイクや肌の汚れを落とすだけではなく、大気汚染物質までもオフ。クレンジングしつつ肌を柔軟に整え、豊富な植物成分で潤いを与える。クラランス クレンジング クリーム エキストラ コンフォート 200g ¥5000

7

「とろみがあって、メイクとのなじみも◎。
軽いマッサージで汚れを落としてくれる。
これ1本で満足度高い」

肌に負担をかけずにメイクオフ。ザクロ葉細胞エキスで肌のバランスを整えるスキンケア効果も兼ね備えたクレンザー。オルラーヌ オリゴ ヴァイタライジング クレンザー 250㎖ ¥4800

8

「心地いいメイクの浮き感とマイルドな肌あたりで、
落とした後はさっぱりめな仕上がり。
30代前半の人にオススメ」

ココナッツ由来の洗浄成分でメイクをやさしくオフ。マカデミアナッツオイル配合で、乾燥を防ぎ、なめらかな肌へ。ニュクス ジェントル ピュアネス クレンジング ミルク 200㎖ ¥3800／ブルーベル・ジャパン

Part 8

ポイントメイクアップリムーバー

POINT MAKEUP REMOVER

ともすれば、もっとも地味で手のかかるスキンケア。つい、ずるをしたくなるステップ。それは、ポイントメイクを落とすこと。けれど佐伯さんによると、「目元、口元のトラブルの大半は、不完全なメイクオフに原因あり」なのだという。それだけにポイントメイクオフは、最重要課題！　メイク次第で使い分けてみるのもアリ。

Chizu rule

1

15分で仕上げたアイメイクは、15分かけて落とす！

渾身のメイクをしたのに、落とすのはたった3分！　こんなクレンジングを続けていたら、間違いなくシワやくすみができますよ。それを隠そうとメイクを濃くすれば、〝汚れの上塗り〟という魔のスパイラルに。理想はアイメイクと同じ時間をかけて、専用リムーバーで目元の汚れを落とすこと。とくに、ラメやパール、ウォータープルーフのマスカラを使う人は、取りこぼしのないよう、リムーバーも吟味して。顔全体のクレンジングの前にポイントメイクを落とすのは、スキンケアの常識です。専用リムーバーは1ヵ月で1本使い切る気持ちで！

2 Chizu rule

2層式？ 1層式？ リムーバーの選びどころ、教えます

「リムーバーは2層式のほうがよく落ちますか？」という質問をよく受けます。確かに2層式のほうが油分の割合が多いぶん、メイクになじみやすいとされていますが、製剤のクオリティによっては、1層式のほうが落ちがいいというケースも。層の数と落ちのよさは必ずしもイコールではないので、外見は水分、油分の配合を知る手がかりとするにとどめて、実際に自分の肌で落ち具合や感触をチェックするのがベスト。ちなみに2層式の場合、上が油分で下は水分。その割合によっても肌感触は違ってきます。

3 Chizu rule

くすみやすいゾーンだからコットン&綿棒をフル活用すべし！

ポイントメイク落としのコツは2つ。「肌をこすらない」「色素を広げない」。摩擦はシワを、色素の吸着はくすみを呼びよせます。そこで、佐伯式ケアでは、コットンと綿棒をフル活用。アイメイクはコットンにまるごと移す。目のキワやまつげのすき間の汚れは綿棒で絡め取る。そうすれば、肌の摩擦は最小限となり、コットンがストッパーとなって色素から目元を守ってくれます。なお、コットンや綿棒を水で濡らせば肌あたりがソフトに。乾いたまま使えば、汚れの落ちがアップ。ほんのひと手間……。でも、これで肌のダメージは劇的に減ります。

4

Chizu rule

マスカラは同ブランドのリムーバーで落とす、というのもオススメです

「マスカラがどうしてもキレイに落ちない」そんなときは、マスカラと同じブランドのリムーバーを選んでみてください。なぜかというと、自社のマスカラが落ちないリムーバーを、メーカーは作らないはずだから。同じ理由で、アイシャドウや口紅も同じブランドのリムーバーとは相性がいいはず。また、スキンケアブランドのリムーバーは、製剤へのこだわりから、「肌にやさしくて落ちがいい」という難題をクリアしているものも多いよう。ただ、あくまでも〝ブランド合わせ〟はひとつのヒント。選択肢は山のようにあることをお忘れなく！

5

Chizu rule

ノーメイクの日も必ず！専用リムーバーでアイクレンジングを

目元は皮膚が薄いためヨレやすく、涙や花粉、ほこりなどが付着しがち。さらには昨日のアイシャドウが残っているなんてこともある。やはり、目元は特別なゾーン。たとえアイメイクをしていなくても、専用リムーバーでケアをするのがベターです。すっぴんで過ごした日なら、涙の成分に近いリムーバーをコットンに含ませて、優しくふき取るだけで十分。しっかりメイク用とは別に、ソフトに落とすリムーバーを用意して、メイクの度合いで使い分けることをおすすめしています。

しっかりメイク派に

「肌に優しいけれど、洗浄力の高いリムーバー。
マスカラやラメシャドウ、
しっかりアイラインまでスピーディに落とせる」

油性と水溶性の2層タイプ。しっかりメイクを素早く溶かしだし、敏感になりがちな目元・口元に負担をかけずにすっきりオフ。ランコム ビファシル 125mℓ ¥4500

マスカラしっかり派に

「肌あたりはソフトなのに、
ウォータープルーフのマスカラもすんなりと落とす、
パワフルさが頼もしい2層式」

さっぱりとした使用感ながら低刺激で、しっかり落とせる、マスカラに定評あるブランドの隠れた名品。ヘレナ ルビンスタイン オール マスカラ リムーバー 125mℓ ¥5000

敏感肌にもOK

「ウォーターベースでややオイル入り。
肌が荒れやすい時期など、
アイメイクはしたいけれど刺激したくないときに」

クチナシエキスやヤグルマギクエキスなど植物成分を贅沢配合で、肌をいたわりながらメイクオフ。シスレー ジェントル メイクアップ リムーバー 125mℓ ¥7400

軽いメイクなら

「大人の肌に嬉しいソフトな肌感触で、
おだやかにメイクオフ。
まつ毛にも優しいので、たっぷりと使いたい」

涙と同じpHで、目にしみないのも◎。年齢とともに衰えがちなまつ毛を強化して整える働きも。クラランス アイ メイクアップ リムーバー ローション 125mℓ ¥3200

Part 9

スクラブ

SCRUB

〝顔をあか抜けさせる〞実力をもちながら、誤解や疑問も多いのがスクラブ。でも〝佐伯式〞メソッドには、スクラブは必須アイテム！　「乾く肌こそスクラブを」「大人こそスクラブ」なんです。「洗顔料と混ぜて使う」ことで「肌を傷つけそう」なんてモヤモヤも一掃。

1

Chizu rule

今こそ解明させたい。スクラブの役目とは？

スクラブの目的は、普段のクレンジングでは取り切れない古い角質を除去し、皮膚の呼吸、吸収作用を正常に戻すこと。角質肥厚はくすみやシワ、たるみを招きますが、重荷のない肌はシルクのように軽やかでシワになりにくいのです。スクラブ洗顔は、湯呑みについた茶渋をクレンザーで落とすようなもの。普段使う洗剤にあたるのが洗顔料、クレンザーの役目をするのがスクラブなので、洗顔料とスクラブはまったくの別物。また、ピーリングは主に化学的に角質層の表面を剥離させますが、スクラブは物理的に汚れを絡め取るもの。これも別物です。

2

大人の肌や、秋冬の肌こそスクラブが必要な理由

Chizu rule

乾燥肌の人ほど、肌への刺激を恐れてスクラブを敬遠しがちです。でも、実は乾いた肌こそスクラブ洗顔が必要。なぜなら、肌が乾くのは表面に溜まった〝肌アカ〟が化粧水や美容液の浸透を邪魔しているから。また、大人の肌や秋冬の肌は〝着込む〟傾向にあります。こちらの対策も「つけることよりもまず取ること」。そう、スクラブが必要なのです。夏に思い切り日焼けをしてしまった人や、20代の頃にお手入れをサボってきた人にはぜひ使ってほしい。季節の変わり目に〝肌アカ〟を一掃しておけば、この先の肌の透明感がまったく違ってきます！

3

2～3種類を常備して、肌状態、季節ごとに使い分けるのがベター

Chizu rule

肌状態に応じて化粧水や美容液を使い分けるように、スクラブも数種類をストックしておくのが理想。たとえば、小鼻のザラつきが気になるなら、粒がみっちり詰まった〝かき出し力〟のあるものを。顔全体のくすみを取るには、マイルドなスクラブで洗い上げるのがベターです。スクラブ洗顔は肌のターンオーバーに合わせて週に1度のペースで行うのが基本ですが、肌が活性化する夏なら5日に1度、部分的に使うなら週に2～3回、集中的にケアするのもいいでしょう。季節や肌状態に応じてスクラブを使い分けられれば、角質ケアはぐっと楽しくなります。

4 Chizu rule

スクラブ洗顔はじっくりと効いて、長持ちするケア。だから継続を最優先して！

ケミカルなものやマシンを使って一度に肌の老廃物を取るケアは、リバウンドも早い。一方、小さな粒を肌の上で転がして〝肌アカ〟を絡め取るスクラブ洗顔は、効き目はおだやかですが、自らの手で継続してケアできるので、美肌を保てるのです。私のサロンでは、ケアの始めにクレンジング、スクラブをしますが、その時点では変化がなくても、マッサージ、ローションパックとケアを進めるうちに、スクラブで身軽になった肌がどんどん水分を含んで、膨らんでいく。スクラブ洗顔を続けることで、何歳になっても肌再生を促すことができるのです。

5 Chizu rule

肌がデリケートな人は洗顔料とぬるま湯を足してクリーミーに

スクラブ洗顔初心者や肌がデリケートな人は、市販のスクラブをこんなふうにアレンジしてみて。まず、スクラブと洗顔料をパール大ずつ、１：１の比率で手のひらにのせ、２～３滴のぬるま湯を加えて、くるくると指先でミックス。これで、スクラブの効果が薄れることなく、肌あたりがぐっとソフトになります。また、スクラブの目的は、あくまでも肌表面に溜まった汚れを絡め取ることなので、力を入れてゴシゴシとこすると、かえってくすみや皮脂分泌を招くことに。肌表面をなでるようにやさしく洗い、完全にすすぐ。これだけで、十分に肌は浄化されます。

スクラブ初心者にも

「肌の上をすっとすべらせるだけで
弾力のある粒子が汚れをやさしくからめとってくれる。
スクラブ初心者にも使いやすい」

天然植物抽出エキスとエッセンシャルオイルをたっぷり含んだ、みずみずしい感触のジェルスクラブで、使うたびに肌がほぐれていく。アロマテラピー効果も絶大の名品。シスレー バフアンドウォッシュ 100㎖ ¥11500

全身にも使える

「やわらかい玉が肌の上を転がるので、
肌に負担なく、古い角質を取り去ってくれます。
洗顔料に混ぜて使ってもOK。全身に使いたい」

こんにゃくマンナンの細かい球がたくさん入ったスクラブ剤。古い角質をからめとり、つるりとした肌へ。そのまま使用しても、洗顔料に混ぜて泡立てて洗顔フォームとしても。チズアンゼルス フェイシャルスクラブ 300g ¥8800／チズコーポレーション

Part 10

ボディ&ネックケア

BODY & NECK CARE

顔だけでなく、実はデコルテや背中、ひじやひざの肌も本当にキレイな佐伯さん。それは、「女性の品性は、首や末端に宿る」という信念のもと、顔と同じように、ボディの肌を慈しんできたからだ。ボディケアアイテムこそ、しっかりと選びたいもの——。

Chizu rule 1

気づいたら即始めるべし。ボディ&ネックケアは早いもの勝ち!

肌のケアに関しては、最低でも3ヵ月間はかけてほしい。つまり、デコルテやボディの肌を磨き上げるには、それなりの期間が必要だということ。ノースリーブを着る季節になってから、慌ててお手入れをしても遅いのです。寒い時期はボディケアをサボりがちですが、実は肌が着込んでいるからこそ、ボディ磨きのベストタイミング。週に1度、ボディスクラブで古い角質を落とし、専用のクリームや乳液でお手入れをしておけば、春の到来と同時に肌が〝脱皮〟して、ピカピカのボディという「ご褒美」がもらえます。だから、一年を通して本気の全身ケアを!

2 Chizu rule
塗るだけでなく〝動かす〟。たるみ対策にはマッサージをプラスして

全身ケアのゴールデンタイムは、心身が温まって血液やリンパの流れがよくなり、肌が水分をたっぷりと含んでいるお風呂上がり。ただし、専用のクリームや乳液をボディに塗るだけではもったいない。そこに、マッサージというアクションを加えると、肌だけでなく、シルエットも整うので、ぜひ実践してみて。たとえば、ヒップは下からぐいぐいと引き上げながら脂肪を動かす。首元は上から下へリンパを流し出すことで、たるみが取れてシャープなネックラインが生まれます。化粧品の成分だけに頼らないで、塗り方にもこだわってみましょう。

3 Chizu rule
乾きもたるみもケアしたい。悩める大人のボディにはコク系コスメが必要！

20代の頃は勢いよくかき氷を食べていたのに、大人になると濃厚なアイスをじっくりと味わいたくなる。そんな感覚ありませんか？　同じ原理で、肌が求めるものも年齢とともに変化します。私は歳を重ねるほど、肌に満足感を与える、コクのあるボディ用コスメを使うことをおすすめしています。肌表面の乾燥や小ジワはミルクタイプで完全保湿を。たるみや深いシワには、クリームタイプで奥まで栄養を届ける。朝はミルク、夜はクリームという使い方もアリです。ミストなどの液状タイプは蒸発が速いので、心身をリフレッシュさせたいときにとどめて。

Chizu rule 4

これなら続けられる！ ローションパックの3分をボディケアの〝指定席〟に

ボディケアの最大の敵である〝挫折〟をなくすために、私が提案しているのが、顔とボディの〝抱き合わせケア〟。とりわけローションパックをしている3分間は、絶好のボディケアチャンス。朝もしっかりボディの保湿をして、日焼け止めクリームを塗ることで、紫外線や乾燥に負けない、みずみずしいボディをキープできます。さらに、ひじやかかとなどのダメージが出やすい部分は、週末など時間があるときに、ボディ用のクリームや乳液をたっぷりと塗り、その上からラップを巻いてスペシャルパックを。これもテレビの前での〝ながらケア〟でOKです。

Chizu rule 5

一本の横ジワが首元をくもらせるから、睡眠スタイルにもこだわる

皮膚が薄い、筋肉のサポートが弱い、よく動かす、常に重たい頭を支えている……。その特殊さゆえにもっとも年齢が出やすいといわれる首元。なのに、意外とぞんざいに扱われている部分でもあります。私の場合、注意しているのが睡眠スタイル。肌の摩擦を防ぐために、寝具やナイトウエアはコットンなどの天然素材を選び、首にシワを寄せないよう、枕は低めのものを使っています。ちなみに、お風呂上がりにタオルでゴシゴシとこすったり、汗を放置するのも〝首老化〟の原因に。顔、首、デコルテはひとつながり。首が美しい人は顔も垢抜けて見えるものです。

Part 11

ハンドクリーム

HAND CREAM

「顔は裸」と言った写真家がいますが、ひょっとすると手は、もっとヌードに近いかもしれない。紫外線や水にさらされ、常に働いている場所。そして、その人の生き様までもが如実に表れてしまうパーツ。そう、手は女の切り札なのです。

1

Chizu rule

手という〝末端パーツ〟をいかに磨くかで女の格は決まる

ネイルのお洒落を気にするあまり、ハンドケアを置き去りにしている女性が、最近増えているように感じます。どんなに爪がゴージャスでも、肝心の手が老けていては魅力的に見えません。手という末端部分は日常的に酷使されており、年齢とともにほころびが出るところ。丹念にお手入れをするのは、女性なら当たり前です。そして、手にも「表情」があることを忘れずに。グラスを持つ手、ペンを握る手、本のページをめくる手……。すべてにその人の品格が出ます。自分が思う以上に人に見られているパーツ、それが手だということをまず認識してください。

2

Chizu rule

ケアすべきは甲と甘皮！手のひらにハンドクリームはいらない

手を洗うたび、また電車の中で、ささっとハンドクリームを塗っている方がいますが、実は朝晩1回ずつでもいいから、甲全体から関節、そして爪や甘皮まで、丁寧にハンドクリームを塗り込むほうが手は喜びます。ただし、手のひらは比較的汗をかきやすく、紫外線の影響も受けにくい場所。服やテーブルがベタつくのを気にする人も多いので、私はあえて手のひらにハンドクリームを塗ることをおすすめしません。もし気になるようなら、両手を軽くこすり合わせてください。自らの水分と脂分が天然のクリームとなって、手のひらをうるおしてくれます。

3

Chizu rule

テクスチャーや目的の違う2タイプを、朝と夜で賢く使い分ける

「朝は予防、夜は修復」というスキンケアの目的は、顔も手も同じです。だから、朝晩2タイプのハンドクリームを用意するのが理想的。たとえば、朝は素早く浸透する、さらりとしたテクスチャーのクリームで、日中の紫外線やエアコンなどによる乾燥から手肌をガード。寝ている間中じっくり効かせて明日に備えたい夜のケアは、コクのあるハンドクリームで入念に。ともに、見えないベールで外部刺激から手を守りつつ、肌の中まで有効成分をきちんと送り届けることが必要条件。〝フタ〟をするだけのものは、摩擦で落ちてしまったらおしまいですから。

Chizu rule

4

紫外線の強いシーズンは、保湿こそが最高のハンドケアと心得て

若い頃に日焼けをした人や、車を運転する人に多いのが手の甲のシミ。今あるシミを目立たなくし、新たなシミをつくらないためにも、手の紫外線対策は万全にしたいもの。顔と同じで手も「生魚よりも干物の魚が早く焼けるように、乾いた肌は日に焼けやすく、化粧品は浸透しにくい」のです。つまりケアの要となるのは朝晩の保湿ケア。そのうえで、日中はUV効果のあるハンドクリームを塗ったり、手の甲が隠れるシャツや手袋で〝物理的〟に紫外線から手肌をガードするなどの工夫を。夏になってからではなく、〝一年中〟紫外線に負けない手肌づくりを!

Chizu rule

5

それでも迷ったら、濡れた手になじむものを。水のはじきすぎはNG!

ハンドクリーム選びのひとつの目安となるのが、水との相性。湿った手にハンドクリームを塗ったとき、クリームの乳化状態がよければ、水分を取り込んですっと浸透しますが、中には水と混ざらずに上滑りするものがあります。それはおそらく、ギトッとした油膜を張るタイプ。一見、強力に手肌をプロテクトしているようですが、実は膜をつくるだけで肌に成分が浸透していないことが多いよう。私がおすすめするのは、水を加えると乳液状に変化するもの。手が乾くときは、あえてハンドクリームに水を加えてゆるめ、浸透を促すのもアリです。

ネックケア

「マッサージしやすいまろやかテクスチャーなので、
あごからデコルテにかけて
リンパを流しながら使って」

独自成分ステムライズiPG-Nが、年齢の出やすい首元の肌のハリをしっかりとサポート。うるおいのヴェールでハリ・弾力のある肌感へ。コスメデコルテ AQ MW ネック リニュー クリーム 50g ¥8000

ハンドケア

「ひじから先全体に使いたい。
ベタつかず、さらりとしっとり、
さわやかに仕上がるのに、密着度が高い」

美白有効成分4MSK、独自成分イルミネイティングコンプレックスが、明るく透明感に満ちた若々しいなめらか手肌へと導く。SPF18・PA++。資生堂 クレ・ド・ポー ボーテ クレームプールレマン［医薬部外品］75g ¥8500

チズの
結論

化粧品を選ぶときは

1986年、フランス製第一号の美容液が登場したときは、その理論、肌の感覚、すべてが私にとって驚きであり、興奮するものでした。どんな時代も、やはり化粧品は女性に夢を与えるものでなければなりません。

そして化粧品を選ぶうえでもっとも大切なことは、どのような肌になりたいのかという「目的」を持つこと。ハリのみなぎる肌がいいのか、シルクのような繊細さがほしいのか。それさえ定まれば、あなたの目的を叶えてくれる化粧品は、現在、山ほどあるはずです。

もちろん機能だけでなく、香りや感触、浸透力も必ずチェック。そのコツは本章でも記したつもりです。肌はあなたの「名刺」です。どうぞ散漫なケアで自分ブランドを傷つけないよう、責任をもってお手入れを続けてください。

終わりに

なぜ化粧品が変わっていくのか?
それは世の中が変わるとともに、食べるもの、嗜好も変わり、技術も進化するからですよね。だから、
私たち自身の精神、意識も変わっていかないと、おいていかれてしまうのです。

みなさんをキレイにしたい、という想いで、美容論をお伝えしていますが
「チズさんキレイですね」とお客様に言っていただけて嬉しいと思う反面、
美を伝える私がキレイであり続けなければ、
信用はしていただけないものですし、ね。
ですから私は、カッコかわいい年の重ね方をしよう、と決めています。
いくつになってもピンヒールをはいて、トレンチコートを着て

バリバリ颯爽と歩いていたいのです。

今回の書籍を出すにあたり、
肌の悩みにお答えしたり、新しい化粧品をお試しして、
改めて認識しました。化粧品は素晴らしい力を持っている、と。
みなさんに化粧品の素晴らしさを知っていただき、そして
みなさんがいつまでもキレイでいられるために、
私は美の伝道師として、みなさんにお伝えし続けていきます。
この一冊がその手助けになれば、と願います。

佐伯チズ

［化粧品会社お問い合わせ先リスト］

- アルビオン……0120-114225
- エスティ ローダー……0120-950771
- オルラーヌ……0120-972991
- 花王……0120-165692
- カバーマーク カスタマーセンター……0120-117133
- クラランス……03-3470-8545
- ゲラン……0120-140677
- コスメデコルテ……0120-763325
- シスレージャパン……03-5771-6217
- 資生堂／資生堂インターナショナル お問い合わせ先……0120-314710
- THREE……0120-898003
- チズショップカスタマーサポート……052-746-5400
- ブルーベル・ジャパン（ニュクス）……03-5413-1070
- パルファン・クリスチャン・ディオール……03-3239-0618
- ヘレナ ルビンスタイン……0120-469222
- ポーラお客さま相談室……0120-117111
- マックス ファクター……0120-021325
- ラ・プレリー……0120-223887
- ランコム……0120-483666

本書は2011年3月に小社より単行本として刊行されたものを加筆修正して改題、文庫化したものです。

|著者| 佐伯チズ　OLを経て美容学校、美容室勤務ののち、ゲランに入社。その後、パルファン・クリスチャン・ディオールのインターナショナルトレーニングマネージャーとして、美容部門のスタッフ育成にあたる。2003年同社を定年退職後、エステティックサロン「サロン ドールマ・ボーテ」を開業。美容家（美肌顔師）として雑誌、テレビ、講演などで活躍。2012年から成安造形大学の客員教授も務める。『頼るな化粧品！――顔を洗うのをおやめなさい！』『美肌革命――お金をかけずにきれいになる』『佐伯チズ、美の流儀――肌、人生、仕事についての129のレッスン』（以上、講談社）、『今日の私がいちばんキレイ 佐伯流 人生の終いじたく』（幻冬舎）など、著書多数。

改訂完全版《かいていかんぜんばん》 佐伯《さえき》チズ式《しき》「完全美肌《かんぜんびはだ》バイブル」
123の肌悩《はだなや》みにズバリ回答《かいとう》！
佐伯《さえき》チズ

2016年5月13日第1刷発行
2020年7月6日第2刷発行

発行者――渡瀬昌彦
発行所――株式会社 講談社
東京都文京区音羽2-12-21　〒112-8001
電話 出版（03）5395-3510
　　 販売（03）5395-5817
　　 業務（03）5395-3615

Printed in Japan

講談社文庫
定価はカバーに
表示してあります

デザイン―菊地信義
本文データ制作―講談社デジタル製作
印刷―――大日本印刷株式会社
製本―――株式会社国宝社

ISBN978-4-06-293364-3

講談社文庫刊行の辞

二十一世紀の到来を目睫に望みながら、われわれはいま、人類史上かつて例を見ない巨大な転換期をむかえようとしている。

世界も、日本も、激動の予兆に対する期待とおののきを内に蔵して、未知の時代に歩み入ろうとしている。このときにあたり、創業の人野間清治の「ナショナル・エデュケイター」への志を現代に甦らせようと意図して、われわれはここに古今の文芸作品はいうまでもなく、ひろく人文・社会・自然の諸科学から東西の名著を網羅する、新しい綜合文庫の発刊を決意した。

激動の転換期はまた断絶の時代である。われわれは戦後二十五年間の出版文化のありかたへの深い反省をこめて、この断絶の時代にあえて人間的な持続を求めようとする。いたずらに浮薄な商業主義のあだ花を追い求めることなく、長期にわたって良書に生命をあたえようとつとめるところにしか、今後の出版文化の真の繁栄はあり得ないと信じるからである。

同時にわれわれはこの綜合文庫の刊行を通じて、人文・社会・自然の諸科学が、結局人間の学にほかならないことを立証しようと願っている。かつて知識とは、「汝自身を知る」ことにつきていた。現代社会の瑣末な情報の氾濫のなかから、力強い知識の源泉を掘り起し、技術文明のただなかに、生きた人間の姿を復活させること。それこそわれわれの切なる希求である。

われわれは権威に盲従せず、俗流に媚びることなく、渾然一体となって日本の「草の根」をかたちづくる若く新しい世代の人々に、心をこめてこの新しい綜合文庫をおくり届けたい。それは知識の泉であるとともに感受性のふるさとであり、もっとも有機的に組織され、社会に開かれた万人のための大学をめざしている。大方の支援と協力を衷心より切望してやまない。

一九七一年七月

野間省一